[Wissen für die Praxis]

D1993837

Weiterführend empfehlen wir:

Als Rentner alle Ansprüche voll ausschöpfen
ISBN 978-3-8029-4073-6

SGB XII - Sozialhilfe: Grundsicherung im Alter und bei Erwerbsminderung
ISBN 978-3-8029-7311-6

Patientenverfügung und andere Vorsorgemöglichkeiten
ISBN 978-3-8029-4084-2

Das aktuelle Handbuch der Pflegegrade
ISBN 978-3-8029-7552-3

Schenken und Erben ohne Finanzamt
ISBN 978-3-8029-4077-4

Das aktuelle Handbuch Testament
ISBN 978-3-8029-3472-8

Wir freuen uns über Ihr Interesse an diesem Buch. Gerne stellen wir Ihnen zusätzliche Informationen zu diesem Programmsegment zur Verfügung.

Bitte sprechen Sie uns an:

E-Mail: WALHALLA@WALHALLA.de
http://www.WALHALLA.de

Walhalla Fachverlag · Haus an der Eisernen Brücke · 93042 Regensburg
Telefon 0941 5684-0 · Telefax 0941 5684-111

Steuerratgeber für Rentner und Ruhestandsbeamte Ausgabe 2017

Für Ihre Steuererklärung 2016

WALHALLA Rechtshilfen

WALHALLA

Bibliografische Information der Deutschen Nationalbibliothek
Die Deutsche Nationalbibliothek verzeichnet diese Publikation in der Deutschen Nationalbibliografie; detaillierte bibliografische Daten sind im Internet über http://dnb.dnb.de abrufbar.

Zitiervorschlag:
Wolfgang Benzel, Steuerratgeber für Rentner und Ruhestandsbeamte
Walhalla Fachverlag, Regensburg 2017

Hinweis: Unsere Werke sind stets bemüht, Sie nach bestem Wissen zu informieren. Alle Angaben in diesem Buch sind sorgfältig zusammengetragen und geprüft. Durch Neuerungen in der Gesetzgebung, Rechtsprechung sowie durch den Zeitablauf ergeben sich zwangsläufig Änderungen. Bitte haben Sie deshalb Verständnis dafür, dass wir für die Vollständigkeit und Richtigkeit des Inhalts keine Haftung übernehmen.
Bearbeitungsstand: Oktober 2016

© Walhalla u. Praetoria Verlag GmbH & Co. KG, Regensburg
Alle Rechte, insbesondere das Recht der Vervielfältigung und Verbreitung sowie der Übersetzung, vorbehalten. Kein Teil des Werkes darf in irgendeiner Form (durch Fotokopie, Datentransfer oder ein anderes Verfahren) ohne schriftliche Genehmigung des Verlages reproduziert oder unter Verwendung elektronischer Systeme gespeichert, verarbeitet, vervielfältigt oder verbreitet werden.
Produktion: Walhalla Fachverlag, 93042 Regensburg
Printed in Germany
ISBN 978-3-8029-3233-5

Schnellübersicht

Ein Steuerratgeber für Ruheständler, wozu?

Das am 01.01.2005 in Kraft getretene Alterseinkünftegesetz hat für die Besteuerung von Renten einen Systemwechsel eingeleitet, der für eine Vielzahl von Rentnern und Pensionären steuerliche Konsequenzen hat. Nach dem neuen Recht müssen jetzt ca. 3,3 Mio. Rentnerhaushalte Steuern zahlen. Dies sind etwa 1,3 Mio. mehr als bisher. Fast jeder vierte Rentner muss seit 2005 eine Steuererklärung abgeben.

Darüber hinaus führen veränderte Lebensumstände in der Bundesrepublik Deutschland dazu, dass neben Renten und Pensionen immer öfter weitere Einkünfte erzielt werden, sei es im Rahmen einer selbstständigen oder gewerblichen Tätigkeit, eines Angestelltenverhältnisses, aus Mieten oder aus Kapitalvermögen. Somit erhält die Beschäftigung mit der eigenen Steuererklärung auch im Ruhestand wieder eine größere Bedeutung.

Ziel dieses Fachratgebers ist, Sie in die Lage zu versetzen, unter Nutzung aller legalen Möglichkeiten Ihre Steuererklärung selbst zu erstellen und Ihnen die Gewissheit zu geben, an alles gedacht zu haben.

Besonderer Wert wurde auf eine verständliche Sprache ohne komplizierte Formulierungen gelegt. Auch wurde vermieden, Sie mit Paragraphen und sonstigen Fundstellen zu belasten.

Beachten Sie bitte zudem, dass es nicht möglich ist, jeden Individualfall darzustellen. Sollten in dem einen oder anderen Fall differenziertere Informationen zu einem Thema erforderlich sein, so ist entweder eine zusätzliche Literaturrecherche oder die Nachfrage beim Steuerberater nötig, um die noch offenen Fragen zu beantworten.

Wichtig: Das „Steuerdickicht" in Deutschland ist häufig selbst für den Fachmann nur schwer zu durchblicken. Sie sollten sich daher nicht scheuen, in besonders komplizierten Fallgestaltungen einen Steuerberater aufzusuchen. Nehmen Sie zur Besprechung den Ratgeber als „roten Faden" mit. So kommen Sie schneller auf den Kern Ihrer Frage.

Grundlage dieses Ratgebers sind die einschlägigen Steuergesetze. Dies ist insbesondere das Einkommensteuergesetz (EStG) mit den hierzu ergangenen Verwaltungsanweisungen. Darüber hinaus sind die aktuellen Urteile der Finanzgerichte (FG) und des Bundesfinanzhofs (BFH) wesentlich. Denn nur wer die Entscheidungen der Finanzgerichte kennt, kann seine Steuererklärung optimal gestalten.

Zunächst erfahren Sie, was unter „Einkommensteuererklärung" zu verstehen ist. Bereits anhand dieser Ausführungen können Sie feststellen, ob Sie überhaupt eine Steuererklärung abgeben müssen oder unter welchen Umständen es für Sie sinnvoll ist, es ohne Abgabepflicht dennoch zu tun. Anschließend wird die Systematik des Einkommensteuerrechts dargestellt. Wer diese Systematik kennt, kann vieles besser zuordnen und so die eigene Steuererklärung Schritt für Schritt selbst machen.

Sollten Sie Fragen zu einzelnen Themen haben, stehen hierfür die Ausführungen in den jeweiligen Kapiteln zur Verfügung. Hier wird dargestellt, wie sich die Einkünfte aus Renten, nichtselbstständiger Arbeit (Einkünfte als Pensionär) und weiterer relevanter Einkunftsarten, z. B. aus Vermietung oder einem Nebenjob, errechnen. Hieran schließen sich die Schritte bis zum zu versteuernden Einkommen an. Ergänzende Tipps und Informationen finden Sie am Ende des Ratgebers übersichtlich zusammengefasst.

Gerade der „typische" Rentner oder Ruhestandsbeamte hat meist nur Bezüge aus einer Einkunftsart, nämlich die Rente oder Versorgungsbezüge. In diesem Fall sind die Kapitel „Einkünfte aus Renten" (für Rentner) oder „Einkünfte aus nichtselbstständiger Arbeit" (für Ruhestandsbeamte) von besonderem Interesse. Die Ausführungen zu anderen Einkunftsarten können dann außer Acht gelassen werden, wohingegen Themen wie „Außergewöhnliche Belastung" und „Steuerermäßigungen" altersbedingt besonders interessant sind. Hilfreich ist hierfür das ausführliche Stichwortverzeichnis; auch spezifische Sachverhalte lassen sich so schnell nachschlagen.

Das Steuerrecht in Deutschland ist weltweit wohl eines der kompliziertesten. Deshalb ist es wichtig, alle Umstände zu kennen, die für die eigene Lebenssituation steuerlich relevant sind. Nur so ist es möglich, die eigene steuerliche Situation zu optimieren und nicht mehr Steuern zu zahlen als nötig. Das lässt sich alleine schon daran erkennen, dass ein Großteil der Steuerliteratur weltweit in deutscher Sprache verfasst ist. Dennoch lässt es sich auf **drei Fragen** reduzieren:

Bin ich betroffen?

Wer betroffen ist, haben wir in diesem Ratgeber im **Kapitel 1 „Die Einkommensteuererklärung"** detailliert erläutert. In diesem Kapitel erfahren Sie nicht nur, ob Sie betroffen sind, sondern auch, bis wann Sie Ihre Steuererklärung bei welchem Finanzamt abgeben müssen. Auch wenn Sie von der Einkommensteuer betroffen sind, müssen Sie nicht zwangsweise eine Steuererklärung abgeben. **Aber:** Selbst wenn Sie nicht gesetzlich dazu verpflichtet sind eine Steuererklärung abzugeben, kann es von großem Vorteil sein eine Steuererklärung freiwillig abzugeben. Denn im Durchschnitt lag die **Einkommensteuererstattung** in den letzten Jahren bei 875 Euro!

Was muss ich wissen?

Alles, was Sie wissen müssen, erfahren Sie in diesem Ratgeber anschaulich, strukturiert und mit vielen Beispielen. In den einzelnen Kapiteln erhalten Sie folgende Informationen:

Kapitel 1	Wer muss bis wann wo seine Einkommensteuererklärung abgeben?
Kapitel 2	Hier erfahren Sie, wie das deutsche Einkommensteuerrecht von der Systematik funktioniert.
Kapitel 3	Hier erfahren Sie, wie Sie Ihre Einkommensteuererklärung Schritt für Schritt erstellen.
Kapitel 4	Hier finden Sie einen Musterfall inklusive aller Berechnungen und der ausgefüllten Steuerformulare.
Kapitel 5	Hier erfahren Sie, was alles zu den Einkünften aus Renten zählt, wer von der Besteuerung betroffen ist und wie Renten und Rentenanpassungen besteuert werden.
Kapitel 6	Wie werden Versorgungsbezüge (z. B. Pensionen oder Betriebsrenten) von Pensionären, aber auch ehemaligen Arbeitnehmern steuerlich behandelt?

Kapitel 7-10	Hier werden die restlichen Einkunftsarten, wie z. B. Einkünfte aus einer Nebentätigkeit, aus Vermietung und Verpachtung oder aus Kapitelvermögen und deren Ermittlung, erläutert.
Kapitel 11-13	Hier erfahren Sie, wie Sie von der Summe der Einkünfte beginnend, Ihr zu versteuerndes Einkommen ermitteln.

Was muss ich tun?

Sie müssen die amtlichen Vordrucke für die Steuererklärung ausfüllen und diese entweder elektronisch an die Finanzverwaltung übermitteln oder in Papierform bei dem für Sie zuständigen Finanzamt nebst Belegen abgeben.

Da die Finanzverwaltung die Abgabe der Einkommensteuererklärung in Papierform immer mehr einschränkt, ist in **Kapitel 3** erläutert, wie Sie sich bei dem von der Finanzverwaltung zur elektronischen Abgabe zur Verfügung gestellten Onlineportal (ElsterOnline) registrieren. In **Kapitel 4** dieses Ratgebers finden Sie einen Musterfall, der ergänzend zu den Erläuterungen in diesem Ratgeber als Ausfüllhilfe dienen soll. Anhand dieses Musterfalls haben Sie die Möglichkeit, sich direkt über die Systematik der Formulare mit dem Thema Steuererklärung auseinanderzusetzen. In vielen Fällen kann die Bearbeitung unter Zuhilfenahme des Musterfalls bereits erfolgreich abgeschlossen werden, ohne sich mit weiteren Detailfragen beschäftigen zu müssen.

Arbeiten Sie unseren Ratgeber durch. Dieser ist klar strukturiert und für den Laien verständlich geschrieben! Sie werden sehen, das deutsche Einkommensteuerrecht ist nicht kompliziert! Es muss nur verständlich erklärt werden.

Herzlichen Dank an dieser Stelle für die sehr gute Resonanz auf diesen Steuerratgeber sowie für die sachlichen Anregungen. Wo immer möglich und sinnvoll, werden diese bei einer Neuauflage berücksichtigt.

Prof. Dr. Wolfgang Benzel
Steuerberater und Diplom-Kaufmann,
Oberstleutnant der Reserve

Wichtige Änderungen 2016

Hier erhalten Sie einen Überblick über die wichtigsten steuerlichen Änderungen des Jahres.

Anhebung des Einkommensteuer-Grundfreibetrags

Der Grundfreibetrag (bislang 8.354 Euro) wurde wie folgt erhöht:

- ab VZ 2015 um 118 Euro auf 8.472 Euro
- ab VZ 2016 um weitere 180 Euro auf 8.652 Euro

Erhöhung des Kinderfreibetrags und des Kindergelds

Der Kinderfreibetrag (bislang 2.184 Euro) wurde wie folgt erhöht:

- ab VZ 2015 auf 2.256 Euro
- ab VZ 2016 auf 2.304 Euro

Das Kindergeld (bislang 184 Euro) wurde wie folgt erhöht:

- ab VZ 2015 auf 188 Euro für erste und zweite Kinder, 194 Euro für dritte Kinder, jeweils 219 Euro für das vierte und jedes weitere Kind
- ab VZ 2016 auf 190 Euro für erste und zweite Kinder, 196 Euro für dritte Kinder, jeweils 221 Euro für das vierte und jedes weitere Kind

Erhöhung des Entlastungsbetrags für Alleinerziehende

Der Entlastungsbetrag für Alleinerziehende wurde mit Wirkung ab VZ 2015 auf 1.908 Euro angehoben. Außerdem wurde eine Staffelung des Entlastungsbetrags nach der Zahl der im Haushalt des Alleinerziehenden lebenden Kinder vorgenommen. Der Betrag erhöht sich für jedes weitere Kind um jeweils 240 Euro.

Sonderausgabenabzug von Unterhaltsleistungen

Unterhaltszahlungen an geschiedene oder dauernd getrennt lebende Ehegatten bzw. Lebenspartner können bis zu einem Betrag von 13.805 Euro im Kalenderjahr steuermindernd geltend gemacht werden. Der Unterhaltsempfänger muss die Unterhaltszahlungen als sonstige Einkünfte versteuern.

Künftig ist die Angabe der steuerlichen Identifikationsnummer der unterhaltenen Person (Unterhaltsempfänger) notwendig.

Wichtig: Bei Nicht-Herausgabe der ID-Nummer kann der Unterhaltsleistende diese beim Bundeszentralamt für Steuern abfragen. Diese neue Angabepflicht gilt erstmals für den Veranlagungszeitraum 2016.

Änderungen bei den haushaltsnahen Dienstleistungen/ Handwerkerleistungen

Auf Antrag können haushaltsnahe Dienstleistungen die Einkommensteuer um 20 % der Aufwendungen, maximal um 4.000 Euro jährlich ermäßigen.

Tierbetreuungs- und -pflegekosten sowie Tierarztkosten lehnte die Finanzverwaltung bisher als haushaltsnahe Dienstleistungen ab. Der BFH hat nun entschieden, dass die Betreuung einer Hauskatze in der Wohnung durch einen externen Dienstleister als berücksichtigungsfähige haushaltsnahe Dienstleistung anzuerkennen ist (BFH-Urteil vom 03.09.2015, VI R 13/15). Nicht begünstigt sind jedoch Tierarztkosten, da die Leistungen des Arztes zu solchen Tätigkeiten gehören, die nicht mehr typischerweise von Angehörigen des privaten Haushalts durchgeführt werden können.

Aufwendungen für Schornsteinfegerleistungen

Die Finanzverwaltung hat bisher Gutachtertätigkeiten als nicht begünstigt angesehen. Seit 2015 sollten insofern insbesondere Schornsteinfegerrechnungen entsprechend aufgeteilt werden in Überprüfungsarbeiten und Feuerstättenschau. Dieser Sichtweise widersprach der BFH nun. Dem BFH-Urteil folgend hat die Finanzverwaltung ihre Auffassung geändert. In allen noch offenen Steuerfällen gewährt sie die Steuerermäßigung bei Schornsteinfegerleistungen nun auch für Aufwendungen für Mess- oder Überprüfungsarbeiten einschließlich der Feuerstättenschau.

Erleichterungen bei der Gewährung des Behindertenpauschbetrags

Künftig soll die für die Feststellung der Behinderung zuständige Stelle die entsprechenden Nachweise elektronisch an die Finanzverwaltung übermitteln. Somit entfällt künftig grundsätzlich die Vorlage der Unterlagen durch den Steuerpflichtigen. Soweit der Behindertenpauschbetrag nicht erstmals geltend gemacht wird, soll es künftig ausreichen, die entsprechenden Unterlagen vorzuhalten und erst auf Verlangen der Finanzbehörde vorzulegen.

Häusliches Arbeitszimmer eines Pensionärs

Aufwendungen für ein häusliches Arbeitszimmer können als Betriebsausgaben bzw. Werbungskosten abgezogen werden, wenn für die betriebliche oder berufliche Tätigkeit kein anderer Arbeitsplatz zur Verfügung steht. Der Abzug ist auf 1.250 Euro begrenzt. Ohne Begrenzung sind die Aufwendungen abziehbar, wenn das Arbeitszimmer den Mittelpunkt der gesamten betrieblichen und beruflichen Tätigkeit bildet. Der BFH hat nun entschieden, dass bei der Bestimmung des Mittelpunkts der gesamten betrieblichen und beruflichen Betätigung Einkünfte, denen keine aktive Betätigung zu Grunde liegt (Pension, Rente), nicht zu berücksichtigen sind (BFH-Urteil vom 11.11.2014, VIII R 3/12).

Beispiel:

Herr Müller ist seit 01.05.2015 in Pension. Im Jahr 2016 erzielt er zusätzlich zu seiner Pension noch Einkünfte aus einer selbstständigen Tätigkeit als Gutachter. Herr Müller kann die Aufwendungen für sein häusliches Arbeitszimmer in voller Höhe steuerlich geltend machen (die Begrenzung auf 1.250 Euro greift hier nicht). Die Gutachtertätigkeit stellt bei Müller den Mittelpunkt seiner gesamten beruflichen Tätigkeit dar, da die Pension in dieser Beurteilung nicht mit einbezogen wird.

Verlustfeststellung nach Festsetzungsverjährung der Einkommensteuer

Verluste können nur dann in späteren Jahren steuerlich geltend gemacht werden, wenn sie zuvor gesondert festgestellt worden sind. Grundsätzlich besteht hinsichtlich der Verlustfeststellung Bindungswirkung durch den entsprechenden Einkommensteuerbescheid. Wird jedoch keine Einkommensteuerveranlagung für den Verlustentstehungszeitraum durchgeführt, besteht insofern auch keine Bindungswirkung. Der BFH hat entschieden, dass die Bindungswirkung des Einkommensteuerbescheids nur dann greift, wenn für die entsprechenden Veranlagungszeiträume Einkommensteuererklärungen abgegeben wurden. Wurde für das Verlustentstehungsjahr keine Einkommensteuererklärung abgegeben, kann keine Bindungswirkung entstehen. Der Erlass eines Verlustfeststellungsbescheids ist in diesen Fällen weiterhin möglich. Für die Verlustfeststellung besteht keine allgemeine Erklärungspflicht. Daher greift die dreijährige Anlaufhemmung und für eine nachträgliche Verlustfeststellung besteht bis zu sieben Jahren eine Nachholmöglichkeit.

Große Bedeutung hat diese Entscheidung insbesondere für Steuerpflichtige, die keine Einkommensteuererklärung abgegeben haben und bei denen die Festsetzungsverjährung für die Einkommensteuerveranlagung bereits eingetreten ist. Über diese Möglichkeit können nun Verluste zum Beispiel hinsichtlich des Werbungskostenabzugs einer ersten Ausbildung doch noch festgestellt werden und so in künftigen Veranlagungszeiträumen die Steuerzahlerlast mindern.

Ausblick auf Änderungen 2017 bis 2019

Fristverlängerung für fachkundig vertretene Steuerpflichtige

Steuerpflichtige, die durch einen Steuerberater vertreten werden, haben ab der Einkommensteuererklärung 2018 bis zum 28.02. des Zweitfolgejahres Zeit, um ihre Steuererklärung abzugeben. Das bedeutet, wer steuerlich beraten ist, muss seine Einkommensteuererklärung 2018 bis spätestens 29.02.2020 beim Finanzamt einreichen.

Neuregelung zum Verspätungszuschlag

Verspätungszuschläge werden ab den Steuererklärungen für das Jahr 2018 ohne eine Ermessensentscheidung des zuständigen Finanzbeamten festgesetzt. Gründe, warum eine Steuererklärung nicht fristgemäß abgegeben werden konnte, spielen künftig keine Rolle mehr. Der Verspätungszuschlag beträgt für jeden angefangenen Monat 0,25 Prozent der Steuerzahlung, mindestens 25 Euro pro vollem Monat der verspäteten Abgabe.

Zwei Monate mehr Zeit für die elektronische Einkommensteuererklärung

Steuerpflichtige, die ihre Einkommensteuererklärung auf elektronischem Wege authentifiziert übermitteln, können sich ab der Einkommensteuererklärung 2018 zwei Monate länger Zeit lassen. Dies bedeutet, sofern Sie eine Steuererklärung abgeben müssen (Pflichtveranlagung), haben Sie für die Abgabe Ihrer Steuererklärung nun bis zum 31.07. des Folgejahres Zeit. Bisher musste Ihre Einkommensteuererklärung in diesem Fall bis spätestens 31.05. des Folgejahres beim Finanzamt abgegeben sein. Sie müssen also Ihre Einkommensteuererklärung 2018 bis spätestens 31.07.2019 beim Finanzamt auf elektronischem Wege abgeben.

Belege nur noch vorhalten

Die Pflicht zur Vorlage von Zuwendungsbestätigungen beim Finanzamt entfällt ab 2017. Dies bedeutet, dass Belege nicht mehr mit der Steuererklärung für das Jahr 2017 einzureichen sind. Nachweisunterlagen sind lediglich noch vorzuhalten und erst auf Anforderung seitens des Finanzamts vorzulegen.

Wichtig: Dies bedeutet nicht, dass Sie keine Belege mehr benötigen, sondern nur, dass Sie diese nicht mehr mit Ihrer Steuererklärung einreichen müssen. Inwieweit das Finanzamt Belege anfordern wird, bleibt abzuwarten. Hintergrund hierfür ist, dass das Besteuerungsverfahren vereinfacht werden soll und mittelfristig sämtliche Daten z. B. von Spendenempfängern elektronisch an das Finanzamt übermittelt werden sollen.

Abkürzungen

Abs.	Absatz
AfA	Absetzung für Abnutzung
AUV	Auslandsumzugskostenverordnung
Az.	Aktenzeichen
BGB	Bürgerliches Gesetzbuch
BFH	Bundesfinanzhof
BKGG	Bundeskindergeldgesetz
BStBl	Bundessteuerblatt
BUKG	Bundesumzugskostengesetz
BVG	Bundesversorgungsgesetz
DBA	Doppelbesteuerungsabkommen
EStDV	Einkommensteuer-Durchführungsverordnung
EStG	Einkommensteuergesetz
EÜR	Einnahmenüberschussrechnung
FG	Finanzgericht
GdB	Grad der Behinderung
ggf.	gegebenenfalls
i. H. v.	in Höhe von
LStR	Lohnsteuerrichtlinien
lt.	laut
OFD	Oberfinanzdirektion
o. g.	oben genannt
S.	Seite
Stkl.	Steuerklasse
UStG	Umsatzsteuergesetz
vgl.	vergleiche
z. B.	zum Beispiel
ZfA	Zulagenstelle für Altersvermögen
zzgl.	zuzüglich

Wer muss eine Einkommensteuer-erklärung abgeben?

1

Grundsätze

Noch immer ist neben Einkommensteuererklärung der Begriff „Lohnsteuerjahresausgleich" im Umlauf, obwohl diese formale Trennung bereits vor einigen Jahren entfallen ist. Es gibt nämlich
1 kein eigenständiges Lohnsteuerrecht, sondern nur ein Einkommensteuerrecht. Dessen Grundlage ist das Einkommensteuergesetz mit den dazu ergangenen Verwaltungsanweisungen. „Lohnsteuer" ist dabei nur eine besondere Erhebungsform der Einkommensteuer. Wer als Arbeitnehmer oder als Pensionär aus dem aktiven oder ehemaligen Dienstverhältnis Bruttoarbeitslohn oder Versorgungsbezüge erhält, muss entsprechend der individuellen Merkmale Steuerklasse, Kinder und Konfession monatlich Lohnsteuer zahlen, die durch den Arbeitgeber bzw. die Auszahlungsstelle an das Finanzamt unmittelbar abgeführt wird.

Der letztendlichen Besteuerung wird allerdings das „zu versteuernde Einkommen" zu Grunde gelegt, das entsprechend den Regeln des Einkommensteuergesetzes ermittelt wird. „Zu versteuerndes Einkommen" ist das Einkommen, auf das die Einkommensteuertabelle angewandt wird und aus dem sich die tatsächliche Steuer errechnet.

Dies bedeutet, dass vom Jahresbruttoarbeitslohn oder den Versorgungsbezügen Freibeträge, Werbungskosten, Sonderausgaben und außergewöhnliche Belastungen abzuziehen sind, um zum „zu versteuernden Einkommen" zu gelangen. Beziehen Sie noch weitere Einkünfte, z. B. aus einer Nebentätigkeit, aus Kapitalvermögen, aus der Vermietung einer Immobilie, so sind diese bei der Ermittlung des zu versteuernden Einkommens ebenfalls zu berücksichtigen.

Bei der Veranlagung zur Einkommensteuer wird zwischen den beiden Formen „Pflichtveranlagung" und der sogenannten „Antragsveranlagung" unterschieden.

Die Pflichtveranlagung

Aus dem Begriff wird deutlich, dass hier eine Pflicht zur Abgabe der Einkommensteuererklärung besteht. Als Rentner sind Sie seit jeher grundsätzlich verpflichtet, eine Steuererklärung abzugeben. Allerdings ist es in den allermeisten Fällen so, und zwar unabhängig vom alten oder neuen Recht, dass es aufgrund der niedrigen Einkünfte zu keiner Steuerfestsetzung kam. Die Finanzämter haben dann in aller Regel auf die Erfüllung der Erklärungspflicht verzichtet. Zahlreiche Rentner waren bislang überhaupt nicht steuerlich erfasst.

Für viele Rentner ist es deshalb sinnvoll, eine sogenannte „Nichtveranlagungs-Bescheinigung" (NV-Bescheinigung) zu beantragen – und zwar dann, wenn die Höhe des zu versteuernden Einkommens so niedrig ist, dass keine Steuern anfallen, gleichzeitig aber Zinseinnahmen anfallen, für die Abgeltungsteuer von der Bank einbehalten werden müsste. In diesem Fall sieht die Bank vom Abzug der Abgeltungsteuer normalerweise ab. Außerdem muss keine Einkommensteuererklärung eingereicht werden, nur um die Abzugsbeträge vom Finanzamt wieder erstattet zu bekommen.

Beispiel:

Der ledige Rentner Hans Bauer bezieht im Jahr 2016 eine Altersrente in Höhe von 10.000 EUR. Daneben hat er Zinseinnahmen i. H. v. 2.801 EUR. Da Herrn Bauer ein Sparer-Pauschbetrag i. H. v. 801 EUR bei den Einnahmen aus Kapitalvermögen zusteht, ist die Bank verpflichtet, mindestens vom übersteigenden Zinsbetrag (2.801 EUR ./. 801 EUR = 2.000 E UR) Abgeltungsteuer i. H. v. 25 % zzgl. Solidaritätszuschlag und evtl. Kirchensteuer einzubehalten.

Da für Herrn Bauer insgesamt aufgrund des zu niedrigen zu versteuernden Einkommens keine Einkommensteuer festgesetzt wird, müsste er eine Einkommensteuererklärung einreichen, damit die einbehaltene Abgeltungsteuer vom Finanzamt erstattet wird.

Dieses umständliche Procedere lässt sich vermeiden, indem Herr Bauer eine NV-Bescheinigung beantragt, die in der Regel für drei Jahre erteilt wird. Durch Vorlage der Bescheinigung bei der Bank kann diese die Zinsen ohne Steuerabzug auszahlen und Herr Bauer muss keine Steuererklärung einreichen.

Als Pensionär sind Sie dann verpflichtet, eine Einkommensteuererklärung abzugeben, wenn das Einkommen ganz oder teilweise aus nichtselbstständiger Arbeit, das heißt in Ihrem Fall aus Versorgungsbezügen, besteht, ein Steuerabzug vorgenommen wurde und

- Einkünfte (das ist, vereinfacht ausgedrückt, die Summe der Einnahmen minus der Ausgaben) aus anderen Einkunftsarten vorliegen, falls diese 410 Euro im Jahr übersteigen. Andere Einkünfte ergeben sich beispielsweise aus Zinseinnahmen, Mieteinnahmen oder einer Nebentätigkeit und aus Renten, oder
- die Summe der steuerfrei erhaltenen Leistungen, die dem Progressionsvorbehalt unterliegen, wie beispielsweise Arbeitslosengeld, Kurzarbeitergeld, Insolvenzgeld, Krankengeld, Mutterschaftsgeld, Verletztengeld, mehr als 410 Euro im Jahr betragen, oder
- von mehreren Arbeitgebern nebeneinander Arbeitslohn bezogen wurde, also auf eine zweite oder weitere Lohnsteuerkarte mit der Steuerklasse VI gearbeitet wurde, oder
- bei einem Steuerpflichtigen die beim Steuerabzug vom Arbeitslohn berücksichtigte Vorsorgepauschale größer ist als die tatsächlich abziehbaren Vorsorgeaufwendungen, oder
- beide Ehegatten Arbeitslohn bezogen haben und einer für das betreffende Jahr oder einen Teil davon nach der Steuerklasse V oder VI besteuert wurde, oder
- vereinfacht ausgedrückt auf der Lohnsteuerkarte ein Freibetrag eingetragen wurde, oder
- ledige, geschiedene oder dauernd getrennt lebende Elternteile beantragen, dass der Ausbildungsfreibetrag oder der Behindertenpauschbetrag in einem anderen Verhältnis als 50/50 aufgeteilt wird, oder
- Lohnsteuer für einen sonstigen Bezug, wie beispielsweise Entlassungsentschädigungen, ermittelt wurde, oder
- die Ehe des Pensionärs im Veranlagungszeitraum durch Tod oder Scheidung aufgelöst worden ist und er oder sein ge-

schiedener Ehegatte im Veranlagungszeitraum wieder geheiratet hat, oder

- bestimmte Fälle der erweiterten unbeschränkten Einkommensteuerpflicht vorliegen.

Die Antragsveranlagung

Wenn Sie nicht zum Kreis derjenigen gehören, die pflichtveranlagt werden, werden Sie nur auf Ihren Antrag hin zur Einkommensteuer veranlagt. Der Antrag erfolgt mit der Einreichung der Steuererklärung. Eine grundsätzliche Frist ist hierbei nicht mehr einzuhalten, es gelten lediglich die normalen Verjährungsfristen von maximal sieben Jahren.

Sinnvoll ist die Antragsveranlagung für den Fall, dass für Sie Lohnsteuer einbehalten wurde (aus den Versorgungsbezügen oder aus einem Arbeitsverhältnis) immer dann, wenn die tatsächlichen Werbungskosten oder Sonderausgaben etc. höher sind als die in die Lohnsteuertabellen eingearbeiteten Pauschbeträge. Sind beispielsweise die Werbungskosten bei Arbeitnehmern durch angefallene Fahrtkosten, Arbeitsmittel höher als der Pauschbetrag von 1.000 Euro, ist mit einer Steuererstattung zu rechnen. Um festzustellen, ob Sie dies betrifft, ist es erforderlich, das zu versteuernde Einkommen und die darauf entfallende Einkommensteuer zu berechnen.

Praxis-Tipp:
Führt die freiwillige Abgabe einer Steuererklärung nicht zu einer Erstattung, sondern wider Erwarten zu einer Steuernachzahlung, können Sie innerhalb der Einspruchsfrist von einem Monat nach Zugang des Steuerbescheides schriftlich beim Finanzamt Ihren Antrag auf Steuerveranlagung zurücknehmen.

Welches Finanzamt ist zuständig?

Für die Besteuerung ist das örtliche Finanzamt zuständig, in dessen Bezirk Sie Ihren Wohnsitz haben (Wohnsitzfinanzamt). Bei mehrfachem Wohnsitz in Deutschland ist der Wohnsitz maßgebend, an dem Sie sich vorwiegend aufhalten. Bei mehrfachem Wohnsitz von verheirateten Personen, die von ihrem Ehegatten nicht dauernd getrennt leben, ist der Wohnsitz maßgebend, an dem sich die Familie vorwiegend aufhält.

Bei Pensionsempfängern, die im Ausland leben und in Deutschland keinen Wohnsitz mehr haben, ist das Finanzamt zuständig, in dessen Bezirk sich die für die Auszahlung der Pensionen zuständige öffentliche Kasse befindet.

Für Rentenbezieher ohne Wohnsitz in Deutschland ist seit dem 01.01.2009 das Finanzamt in Neubrandenburg zuständig.

Termine und Fristen einhalten

31. Januar

Antrag auf Lohnsteuerermäßigung, wenn der Freibetrag ab dem 01.01. des laufenden Jahres Berücksichtigung finden soll.

31. Mai

Bis zu diesem Termin muss bei einer Pflichtveranlagung die Einkommensteuererklärung beim Finanzamt eingereicht werden. Wer von einem Steuerberater oder einem Lohnsteuerhilfeverein betreut wird, kann sich die Frist grundsätzlich bis zum 31.12. des Folgejahres verlängern lassen.

30. November

Dies ist der letzte Termin für den Antrag auf Änderung oder Ergänzung von Lohnsteuermerkmalen für das laufende Jahr.

So funktioniert das deutsche Einkommensteuersystem

Die verschiedenen Einkunftsarten

Der Einkommensteuer unterliegen die im Einkommensteuergesetz definierten sieben Einkunftsarten:

- Einkünfte aus Land- und Forstwirtschaft
- Einkünfte aus Gewerbebetrieb
- Einkünfte aus selbstständiger Arbeit
- Einkünfte aus nichtselbstständiger Arbeit
- Einkünfte aus Kapitalvermögen
- Einkünfte aus Vermietung und Verpachtung
- sonstige Einkünfte

Während es sich bei den ersten drei Einkunftsarten um sogenannte „Gewinneinkünfte" handelt, bezeichnet man die anderen als „Überschusseinkünfte". Dies liegt daran, dass bei den Gewinneinkünften der Gewinn als Differenz zwischen den Einnahmen und den Betriebsausgaben ermittelt wird. Es handelt sich bei diesen Einkunftsarten typischerweise um Einkünfte, die mit einer unternehmerischen Tätigkeit verbunden sind. Bei den Überschusseinkünften hingegen wird der Überschuss durch Gegenüberstellung der Einnahmen und der Werbungskosten ermittelt.

Praxis-Tipp:

Angestellte und Beamte beziehen aus der Tätigkeit als Arbeitnehmer Einnahmen aus nichtselbstständiger Arbeit. Werden keine höheren Werbungskosten als der Pauschbetrag i. H. v. 1.000 Euro nachgewiesen und wird auch nicht auf eine weitere Lohnsteuerkarte gearbeitet, ermitteln sich die Einkünfte aus nichtselbstständiger Arbeit in diesem Fall aus der Bruttolohnsumme abzüglich des Werbungskostenpauschbetrages.

Beispiel:

Ein Arbeitnehmer bezieht im Jahr 2016 einen Bruttolohn i. H. v. 30.000 EUR. Weitere Einnahmen hat er nicht. Da er keine Werbungskosten nachweisen kann, die über dem Pauschbetrag liegen, betragen seine Einkünfte aus nichtselbständiger Arbeit 30.000 EUR ./. 1.000 EUR = 29.000 EUR.

Während Empfänger von Versorgungsbezügen ebenfalls Einkünfte aus nichtselbstständiger Arbeit beziehen, beziehen Rentner solche aus sonstigen Einkünften.

Die Summe der Einkünfte

Die Zusammenfassung der Einkünfte aus den einzelnen Einkunftsarten ergibt die Summe der Einkünfte. Davon wiederum sind der Altersentlastungsbetrag, der Entlastungsbetrag für Alleinerziehende und der Freibetrag für Land- und Forstwirte abzuziehen, um zum Gesamtbetrag der Einkünfte zu gelangen. Hieraus errechnet sich nach Abzug der Sonderausgaben und außergewöhnlichen Belastungen das Einkommen. Nach einem eventuellen Abzug von Kinderfreibeträgen sowie dem Freibetrag für Betreuungs- und Erziehungs- oder Ausbildungsbedarf des Kindes ergibt sich das zu versteuernde Einkommen. Durch Anwendung der Steuertabelle (Grundtabelle für Ledige/Splittingtabelle für Eheleute) ist nun die tarifliche Steuer festzustellen. Nach Abzug von eventuellen Steuerermäßigungen ergibt sich die festzusetzende Einkommensteuer. Ist diese niedriger als die Summe der gezahlten Lohnsteuer und möglicher sonstiger Vorauszahlungen, ergibt sich eine Erstattung. Umgekehrt kann es auch zu einer Nachzahlung kommen.

Wichtig: Stellen Sie sich auf Nachzahlungen ein, wenn im zu versteuernden Einkommen Beträge enthalten sind, für die kein Lohnsteuerabzug vorgenommen und auch keine Vorauszahlungen geleistet wurden.

Beispiel:

Ein pensionierter Beamter bezieht neben seinen Versorgungsbezügen Einkünfte aus einer Nebenbeschäftigung als Versicherungsmakler. Da auf die hierdurch erzielten Einkünfte aus Gewerbebetrieb keine Vorauszahlungen festgesetzt waren, kann es zu einer Einkommensteuernachzahlung kommen.

Ermittlung des zu versteuernden Einkommens

Gewinneinkünfte	Überschusseinkünfte
Einkünfte aus Land- und Forstwirtschaft	Einkünfte aus nichtselbstständiger Arbeit
Einkünfte aus selbstständiger Tätigkeit	Einkünfte aus Kapitalvermögen
Einkünfte aus Gewerbebetrieb	Einkünfte aus Vermietung und Verpachtung
	Sonstige Einkünfte nach § 22 EStG

= Summe der Einkünfte

./. Altersentlastungsbetrag

./. Entlastungsbetrag für Alleinerziehende

./. Freibetrag für Land- und Forstwirte

= Gesamtbetrag der Einkünfte

./. Verlustabzug
(z. B. Werbungskosten aus einer Zweitausbildung aus Vorjahren)

./. Sonderausgaben
(z. B. private Versicherungen, Kirchensteuer, Kinderbetreuungskosten, Ausbildungskosten, Schulgeld, Spenden)

./. außergewöhnliche Belastungen
(z. B. Krankheits-, Beerdigungskosten, Pflegeaufwendungen, Aufwendungen behinderter Menschen, Unterhaltsleistungen)

./. Steuerbegünstigung für bestimmte selbstgenutzte Wohnungen § 10f EStG

= Einkommen

./. Freibeträge für Kinder

./. freibleibender Betrag bis 410 EUR mit Härteausgleich bis 820 EUR

= zu versteuerndes Einkommen

Die Erstellung der Einkommensteuer-erklärung

Erstellung der Einkommensteuererklärung

Damit die Erstellung der Einkommensteuererklärung leicht von der Hand geht, werden nachfolgend die drei Schritte zur Erstellung geschildert. Hieran schließt sich der Musterfall an. Dieser ist als Vorlage für die eigene Erklärung gedacht, was die Bearbeitungszeit erheblich reduzieren kann.

1. Schritt

Die Erstellung der Einkommensteuererklärung beinhaltet drei wesentliche Aufgaben:

3

- die Zusammenstellung aller für die Erklärung relevanten Sachverhalte
- das Ausfüllen der Formulare
- die ordnungsgemäße Zusammenstellung der Belege zu den gemachten Angaben

Wie Sie die einzelnen steuerrelevanten Sachverhalte zusammenstellen, ergibt sich aus den Ausführungen nach dem Musterfall. Prüfen Sie Schritt für Schritt, was auf Sie zutrifft, und stellen Sie die hierfür erforderlichen Informationen zusammen. Am besten ist es, wenn Sie bereits unterjährig damit beginnen. Das kann die Arbeit wesentlich erleichtern.

2. Schritt

In einem nächsten Schritt müssen Sie die Formulare ausfüllen, was je nach Umfang der Erklärung recht anstrengend sein kann. Letztendlich sind es bei der Vielzahl der möglichen Angaben jedoch meistens nur wenige, die auf Sie zutreffen. Beachten Sie, dass alle in die Formulare einzutragenden Beträge auf volle Euro nach oben aufgerundet werden. Sollte der Platz in einem Feld für Ihre Angaben nicht ausreichen, arbeiten Sie mit Anlagen und verweisen auf diese.

Übersicht über die auszufüllenden Formulare

Hauptvordruck/Mantelbogen

- **Persönliche Angaben** (Name, Adresse, Familienstand, Bankverbindung, Unterschrift)
- **übrige Sonderausgaben** (Kirchensteuer, Berufsausbildungskosten, Spenden)
- **außergewöhliche Belastungen** (Behinderung, Krankheit, Pflege, Scheidung, Hausrat)
- **Steuerermäßigungen** rund um den eigenen Haushalt (Haushaltshilfe, Handwerkerleistungen, haushaltsnahe Dienstleistungen)

Versicherungsbeiträge

Anlage Vorsorgeaufwand
(privater Vorsorgeaufwand z. B. Beiträge zur Rentenversicherung (auch Rürup), Kranken-, Pflege-, Arbeitslosen-, Unfall-, Haftpflicht-Versicherung)
Anlage AV (Altersvorsorgeaufwendungen, Riester-Verträge)

Kinder

Anlage Kind
(Kinderberücksichtigung/steuerliche Vergünstigungen für Kinder)

Anlage K
(Übertragung von Freibeträgen für **K**inder auf Großeltern/Stiefeltern)

Unterhalt

Anlage Unterhalt
(**Unterhalt**sleistungen an bedürftige Personen)

Anlage U
(Unterhalt an den Ex-Ehegatten/Ex-Partner in Lebenspartnerschaft)

Anlagen zu den 7 Einkunftsarten

Fortsetzung ➡

3

3

Übersicht über die auszufüllenden Formulare

Fortsetzung

Anlagen zu den 7 Einkunftsarten

Gewinneinkünfte	Überschusseinkünfte
Anlage L (**L**and- und Fortstwirtschaft, z. B. Bauernhof, Gärtnerei, Viehzucht)	**Anlage N** (**N**ichtselbstständige Arbeit, z. B. Arbeitnehmer, Pensionäre, Soldaten, Polizisten, Betriebsrentner)
Anlage G (**G**ewerbebetrieb, z. B. Handel, Handwerk, Dienstleistung, Produktion)	**Anlage KAP** (**Kap**italvermögen, z. B. Zinsen, Dividenden, Aktienverkäufe, Börsengeschäfte)
Anlage S (**S**elbstständige Arbeit, z. B. Freiberufler, Fahrlehrer, Autor)	**Anlage(n) V** (**V**ermietung z. B. Grundstücke, Gebäude, Wohnungen, einzelne Zimmer)
Anlage EÜR (**E**innahme-**Ü**berschuss-**R**echnung)	**Anlage R** (**R**enten, z. B. gesetzliche Rente, private Rente, Renten aus Rürup-Verträgen, Riester-Renten)
Anlage 34a (nur bei Buchführung, ermäßigte Besteuerung von in einem Betrieb stehen gelassener Gewinne)	**Anlage SO** (**so**nstige Einkünfte, z. B. private Veräußerungsgeschäfte)
Zusätzlich Gewinnermittlung ■ Bilanz und Gewinn- und Verlust-Rechnung (Buchführung) ■ **E**innahme-**Ü**berschuss-**R**echnung	**Anlage AUS** (**aus**ländische Einkünfte)

Praxis-Tipp:

Den Formularen des Finanzamtes ist eine Anleitung beigefügt, wie diese auszufüllen sind. Diese Anleitung ist eine hervorragende Hilfe und sollte unbedingt genutzt werden. Und nehmen Sie eine Zweitausfertigung der Einkommensteuererklärung zu Ihren Unterlagen. Dies erleichtert die Kontrolle des Steuerbescheides und dient im nächsten Jahr als Ausfüllhilfe für die dann zu erstellende Erklärung.

3. Schritt

Der dritte Schritt besteht darin, alle Angaben ordnungsgemäß zu belegen. Wichtige Belege sind z. B. Quittungen, Rechnungen, Bankbelege, Spendenbescheinigungen etc. Sollte es der Fall sein, dass bestimmte Sachverhalte nur durch sogenannte „Eigenbelege" dokumentiert werden können, sind diese mit einzureichen. Achten Sie darauf, dass alles übersichtlich und systematisch sortiert ist.

Nachdem die Erklärung fertiggestellt ist, können Sie diese beim Finanzamt einreichen. Denken Sie daran, die Erklärung zu unterschreiben, da ansonsten keine Bearbeitung erfolgt.

Es ist ratsam, die Steuererklärung möglichst früh im neuen Jahr beim Finanzamt einzureichen. In aller Regel wird Ihre Erklärung dann schnell bearbeitet, und Sie haben einen eventuellen Erstattungsbetrag früh auf Ihrem Konto. Falls es zusätzlichen Erläuterungsbedarf gibt, ist es häufig sinnvoll, die Erklärung mit dem Sachbearbeiter persönlich durchzusprechen. Durch die persönliche Vorsprache reduziert sich die Wahrscheinlichkeit von Rückfragen und führt ebenfalls zu einer schnelleren Bearbeitung.

Wichtig: Die Finanzverwaltung bietet unter www.elsteronline.de die kostenlose Möglichkeit, über das Programm ElsterFormular die Steuererklärung zu erstellen und elektronisch an das Finanzamt zu senden.

Und noch etwas: Für viele steuerpflichtige Rentner und Pensionäre ist die elektronische Steuererklärung freiwillig. Sie können selbst entscheiden, ob Sie von dieser Möglichkeit Gebrauch machen wollen. Die Anträge werden zwar schneller bearbeitet. Eingabefehler werden Ihnen nach Auffassung der Finanzgerichte aber selbst zugerechnet.

Allerdings können Sie sich dem Ganzen möglicherweise nicht entziehen. Denn seit dem Veranlagungszeitraum 2011 müssen Steuerpflichtige, die „Gewinneinkünfte" erwirtschaften, ihre Einkommensteuererklärung elektronisch per Internet übermitteln. Dazu zählen unter anderem Einkünfte aus Gewerbebetrieb und aus selbstständiger Arbeit, also immer wenn Sie eine EÜR (Einnahmenüberschussrechnung) machen müssen. Hinweis: Eine EÜR braucht nicht erstellt zu werden, wenn die Betriebseinnahmen unter 17.500 Euro liegen.

Die elektronische Steuererklärung kann nicht verlangt werden, wenn die Gewinneinkünfte nur neben Einkünften aus nichtselbständiger Arbeit mit Steuerabzug erzielt werden. Dabei darf die positive Summe der Gewinneinkünfte, die nicht dem Steuerabzug vom Arbeitslohn zu unterwerfen waren, sowie die positive Summe der Progressionseinkünfte jeweils den Bagatellbetrag von 410 Euro nicht übersteigen.

Wichtig: In Ausnahmefällen lässt das Finanzamt zur Vermeidung unbilliger Härten die Abgabe von Erklärungen in herkömmlicher Form zu. Ausnahmen werden gemacht, wenn Ihnen der damit verbundene finanzielle oder persönliche Aufwand nicht zumutbar ist. Hierzu müssen Sie einen Antrag stellen, aus dem hervorgeht, dass Sie sich zum Beispiel altersbedingt nicht in der Lage sehen, eine elektronische Steuererklärung abzugeben.

Praxis-Tipp:

Wenn Sie mehr zur elektronischen Steuererklärung wissen wollen, informieren Sie sich am besten unter www.elster-online.de. Telefonische Auskünfte erteilt die Info-Hotline der Finanzämter unter der Nummer 0180-37 57 400.

Steuererklärung mit ElsterOnline erstellen

Elster ist die Abkürzung für elektronische Steuererklärung. Sie können anstatt der Steuererklärung in Papierform Ihre Steuererklärung auch elektronisch über das Internet an das Finanzamt übermitteln.

Vorteile

Die elektronische Abgabe der Steuererklärung hat verschiedene Vorteile:

- Die Finanzämter aller Bundesländer sind angehalten, elektronisch übermittelte Steuererklärungen bevorzugt zu bearbeiten.
- Zu elektronisch übermittelten Erklärungen müssen wesentlich weniger Belege mit eingereicht werden.
- Durch die elektronische Datenübermittlung hat das Finanzamt weniger Aufwand und Eingabefehler seitens des Finanzamts werden so vermieden.

Registrierung

Es gibt drei Möglichkeiten sich bei Elster zu registrieren. Für Sie interessant ist das kostenlose Software-Zertifikat ELSTERBasis. Am Ende des Registrierungsprozesses erhalten Sie ein Zertifikat in Dateiform. Dieses können Sie auf CD, der Festplatte oder einem USB-Stick speichern. Diese Registrierung ist kostenlos und eignet sich insbesondere für Steuerbürger, welche lediglich einmal im Jahr ihre Steuererklärung erstellen möchten.

Schritt 1:

Gehen Sie im Internet auf www.elsteronline.de. Dort klicken Sie im linken Bereich bei „Login" auf den Link „zur Registrierung". Sie landen auf einer Seite, auf der Sie nun das gewünschte Zertifikat auswählen können. Wählen Sie hier das kostenlose Zertifikat „ELSTERBasis" durch Klick auf „Infos und Registrierung" aus.

Folgen Sie dem Registrierungsassistenten und geben Sie Ihre E-Mail-Adresse, Ihr Geburtsdatum sowie Ihre Identifikationsnummer ein. Die richtigen Angaben hierzu finden Sie auf Ihrem letzten Steuerbescheid. Vergessen Sie nicht, einen Kurznamen Ihres Benutzerkontos einzugeben. Er dient dazu, mehrere persönliche Konten in ElsterOnline zu unterscheiden, falls Sie mehrere Benutzerkonten führen wollen. Achten Sie unbedingt darauf, Ihr Geburtsdatum und Ihre E-Mail-Adresse richtig einzugeben, sonst kann der Registrierungsprozess nicht fortgesetzt werden.

Die notwendige Antwort zur Sicherheitsabfrage benötigen Sie, wenn Sie Ihr Benutzerkonto löschen oder Ihre E-Mail-Adresse ändern wollen. Wenn alle Angaben vollständig sind, klicken Sie auf „Weiter".

Überprüfen Sie auf der folgenden Seite die Angaben noch einmal und klicken Sie anschließend auf „Absenden". Sie haben die Möglichkeit, mit „Zurück" zur vorigen Seite zurückzukehren, sofern Ihre Daten korrigiert werden müssen.

Sie erhalten nun eine E-Mail-Bestätigung. So wird überprüft, ob Sie Ihre E-Mail-Adresse richtig eingegeben haben.

Nachdem Sie den Link in Ihrer E-Mail aufgerufen haben, erhalten Sie eine Sendebestätigung und eine E-Mail mit Ihrer persönlichen Aktivierungs-ID. Schritt 1 der Registrierung ist damit abgeschlossen.

In einigen Tagen erhalten Sie außerdem einen Brief von Ihrer Finanzverwaltung. Sobald Sie diesen Brief mit dem Aktivierungs-Code erhalten haben, können Sie mit Schritt 2 der Registrierung fortfahren.

Schritt 2:

Sobald Sie den Aktivierungs-Code per Post von Ihrer Finanzverwaltung erhalten haben, tragen Sie die Aktivierungs-ID aus der E-Mail und den Aktivierungs-Code in das entsprechende Feld ein.

Sie werden aufgefordert eine PIN zu wählen. Die PIN kann bis zu 20 Zeichen umfassen und darf Buchstaben und Zahlen enthalten. Ihr vorläufiges Zertifikat wird nun unter dem angegebenen Dateinamen abgespeichert. Es spielt keine Rolle, ob Sie es auf der Festplatte Ihres PC oder auf einem USB-Stick speichern. Nach dem

Speichern werden Sie automatisch zu Schritt 3 der Registrierung weitergeleitet.

Schritt 3:

Sie müssen nun den Speicherort Ihres vorläufigen Zertifikats angeben und Ihre zuvor gewählte PIN eingeben. Sobald Sie auf „Weiter“ geklickt haben, erfolgt Ihr erstmaliger Login. Vervollständigen Sie Ihre persönlichen Angaben und klicken Sie auf „Übernehmen“. Nachdem Sie diese Hürde genommen haben, haben Sie die Registrierung zu ElsterOnline abgeschlossen.

Bitte achten Sie darauf, sich künftig nur noch über „Login“ anzumelden. **3**

Wichtig: Wenn Sie die Registrierung in Schritt 1 mit einem neuen Personalausweis durchführen, entfällt der Versand der Aktivierungsdaten per E-Mail und per Post. Sie können dann die Registrierung in einem Durchgang absolvieren und brauchen nicht mehrere Tage auf die Zustellung des Aktivierungs-Codes per Post zu warten.

Musterfall Horst und Irene Tausendsassa

Die Formulare zur Steuererklärung richtig ausfüllen

Der Musterfall Horst und Irene Tausendsassa soll Sie dabei unterstützen, die eigene Steuererklärung zügig und richtig zu bearbeiten. Damit dies möglich ist, wurde der Fall recht umfangreich gestaltet, um verschiedene steuerliche Situationen abzubilden.

Selbstverständlich dürfte das Beispiel in den seltensten Fällen Ihre persönliche Situation exakt abbilden. Somit wird das ein oder andere Formular oder eine Eintragung für Sie nicht gelten, was aber unkritisch ist. Überspringen Sie es einfach. Andererseits sind in einem Beispielsfall nicht alle potenziell möglichen Situationen darzustellen.

Darüber hinaus sind die Berechnungen abgebildet. Daraus gehen die Auswirkungen der einzelnen Formulareinträge hervor.

Der Musterfall nebst Berechnungen wurde mit den Steuerprogrammen der DATEV eG erstellt. Die Abbildung erfolgt mit freundlicher Genehmigung der DATEV eG.

Der Musterfall ist individuell auf die persönlichen Lebensverhältnisse von Horst und Irene Tausendsassa abgestimmt. Blanko-Formulare für die Steuererklärung können Sie abrufen unter:

www.bundesfinanzministerium.de

Oder Sie erstellen Ihre Steuererklärung mit ElsterOnline. Siehe hierzu **Kapitel 3**.

Wichtig: Die amtlichen Formulare des Bundesfinanzministeriums zur Einkommensteuererklärung 2016 lagen bei Redaktionsschluss noch nicht vor. Enthalten sind die vorläufigen Formulare. Nachteile entstehen dadurch keine.

1 X **Einkommensteuererklärung** | **Antrag auf Festsetzung der Arbeitnehmer-Sparzulage** | Eingangsstempel

2 **Erklärung zur Festsetzung der Kirchensteuer auf Kapitalerträge** | **Erklärung zur Feststellung des verbleibenden Verlustvortrags**

3 **Steuernummer** **09/081/5471/1**

An das Finanzamt

4 **Idar-Oberstein**

Bei **Wohnsitzwechsel: bisheriges Finanzamt**

5

Allgemeine Angaben

Telefonische Rückfragen tagsüber unter Nr.

6

Steuerpflichtige Person (stpfl. Person), nur bei Zusammenveranlagung: **Ehemann / Lebenspartner(in) A** nach dem LPartG *)

Identifikationsnummer (IdNr.)

7 **47 110 815 987** — *) Bitte Anleitung beachten.

Name — Geburtsdatum

8 **Tausendsassa** — **17.06.1939**

Vorname

9 **Horst** — **Religionsschlüssel:** Evangelisch = EV

Titel, akademischer Grad — Römisch-Katholisch = RK

10 — nicht kirchensteuerpflichtig = VD; Weitere siehe Anleitung

Straße (derzeitige Adresse)

11 **Unterdorf** — Religion **EV**

Hausnummer — Hausnummerzusatz — Adressergänzung

12 **2**

Postleitzahl — Wohnort

13 **99999** **Oberbach**

Ausgeübter Beruf

14 **Pensionär**

Verheiratet / Lebenspartnerschaft begründet seit dem — Verwitwet seit dem — Geschieden / Lebenspartnerschaft aufgehoben seit dem — Dauernd getrennt lebend seit dem

15 **04.07.1960**

Nur bei Zusammenveranlagung: **Ehefrau / Lebenspartner(in) B** nach dem LPartG

IdNr.

16 **48 112 932 181**

Name — Geburtsdatum

17 **Tausendsassa** — **29.05.1940**

Vorname

18 **Irene** — **Religionsschlüssel:** Evangelisch = EV

Titel, akademischer Grad — Römisch-Katholisch = RK

19 — nicht kirchensteuerpflichtig = VD; Weitere siehe Anleitung

Straße (falls von Zeile 11 abweichend)

20 — Religion **EV**

Hausnummer — Hausnummerzusatz — Adressergänzung

21

Postleitzahl — Wohnort (falls von Zeile 13 abweichend)

22

Ausgeübter Beruf

23 **Rentnerin**

Nur von Ehegatten / Lebenspartnern auszufüllen

24 X Zusammenveranlagung — Einzelveranlagung von Ehegatten / Lebenspartnern — Wir haben Gütergemeinschaft vereinbart

Bankverbindung – Bitte stets angeben –

IBAN

25

BIC

26

Geldinstitut und Ort

27

28 **Kontoinhaber** lt. Zeile 8 und 9 — lt. Zeile 17 und 18 — oder: **Name** (im Fall der Abtretung bitte amtlichen Abtretungsvordruck einreichen)

4

4

Steuernummer 09/081/5471/1	Tausendsassa, Horst

Der Steuerbescheid soll nicht mir / uns zugesandt werden, sondern:

Zeile			
31	Name		
32	Vorname		
33	Straße		
34	Hausnummer	Hausnummerzusatz	Postfach
35	Postleitzahl	Wohnort	

Sonderausgaben

52

Gezahlte Versorgungsleistungen

Zeile		Rechtsgrund, Datum des Vertrags		abziehbar		tatsächlich gezahlt EUR
36	Renten		102	%	101	,–
37	Dauernde Lasten				100	,–
38	**Ausgleichszahlungen** im Rahmen des schuldrechtlichen Versorgungsausgleichs	Rechtsgrund, Datum der erstmaligen Zahlung			121	,–
39	**Ausgleichsleistungen** zur Vermeidung des Versorgungsausgleichs lt. **Anlage U**				131	,–
40	**Unterhaltsleistungen** lt. **Anlage U** an den – geschiedenen Ehegatten, Lebenspartner einer aufgehobenen Lebenspartnerschaft – dauernd getrennt lebenden Ehegatten / Lebenspartner	117 IdNr. der unterstützten Person			116	,–
41	In Zeile 40 enthaltene Beiträge (abzgl. Erstattungen und Zuschüsse) zur Basis-Kranken- und gesetzlichen Pflegeversicherung	118 EUR ,–		Davon entfallen auf Krankenversicherungsbeiträge mit Anspruch auf Krankengeld	119	,–
42	**Kirchensteuer** (soweit diese nicht als Zuschlag zur Abgeltungsteuer einbehalten oder gezahlt wurde)		103	2015 gezahlt EUR 199 ,–	104	2015 erstattet EUR ,–

Zeile			EUR
43	Aufwendungen für die eigene **Berufsausbildung: stpfl. Person / Ehemann / Lebenspartner(in) A** – Bezeichnung der Ausbildung, Art und Höhe der Aufwendungen	200	,–
44	Aufwendungen für die eigene **Berufsausbildung: Ehefrau / Lebenspartner(in) B** – Bezeichnung der Ausbildung, Art und Höhe der Aufwendungen	201	,–

Zeile	**Spenden und Mitgliedsbeiträge** (ohne Beträge in den Zeilen 49 bis 56)		lt. Bestätigungen EUR		lt. Nachweis Betriebsfinanzamt EUR
45	– zur Förderung steuerbegünstigter Zwecke	123	,–	124	,–
46	in Zeile 45 enthaltene Zuwendungen an Empfänger im EU- / EWR-Ausland	125	,–	126	,–
47	– an politische Parteien (§§ 34g, 10b EStG)	127	,–	128	,–
48	– an unabhängige Wählervereinigungen (§ 34g EStG)	129	,–	130	,–

Zeile	**Spenden und Mitgliedsbeiträge,** bei denen die Daten elektronisch an die Finanzverwaltung übermittelt wurden (ohne Beträge in den Zeilen 45 bis 48 und 52 bis 56)		stpfl. Person / Ehemann / Lebenspartner(in) A EUR		Ehefrau / Lebenspartner(in) B EUR
49	– zur Förderung steuerbegünstigter Zwecke	202	,–	203	,–
50	– an politische Parteien (§§ 34g, 10b EStG)	204	,–	205	,–
51	– an unabhängige Wählervereinigungen (§ 34g EStG)	206	,–	207	,–

Spenden in das zu erhaltende Vermögen (Vermögensstock) einer Stiftung

Zeile					
52	2015 geleistete Spenden (lt. Bestätigungen / lt. Nachweis Betriebsfinanzamt)	208	,–	209	,–
53	2015 geleistete Spenden, bei denen die Daten elektronisch an die Finanzverwaltung übermittelt wurden (ohne Beträge in Zeile 52)	210	,–	211	,–
54	in Zeile 52 enthaltene Spenden an Empfänger im EU- / EWR-Ausland	218	,–	219	,–
55	Von den Spenden in Zeile 52 und 53 sollen 2015 berücksichtigt werden	212	,–	213	,–
56	2015 zu berücksichtigende Spenden aus Vorjahren in das zu erhaltende Vermögen (Vermögensstock) einer Stiftung, die bisher noch nicht berücksichtigt wurden	214	,–	215	,–

Steuernummer 09/081/5471/1 | Tausendsassa, Horst

Außergewöhnliche Belastungen

53

Behinderte Menschen und Hinterbliebene

		Ausweis / Rentenbescheid / Bescheinigung ausgestellt am	gültig von	bis	unbefristet gültig	Grad der Behinderung	Erstmalige Beantragung / Änderung (Nachweis ist einzureichen)
61	stpfl. Person / Ehemann / Lebens-partner(in) A	12	14		18 1 = Ja	56	
62		hinterblieben 16 1 = Ja	blind / ständig hilflos 20 1 = Ja			geh- und stehbehindert 22	1 = Ja
		Ausweis / Rentenbescheid / Bescheinigung ausgestellt am	gültig von	bis	unbefristet gültig	Grad der Behinderung	Erstmalige Beantragung / Änderung (Nachweis ist einzureichen)
63	Ehefrau / Lebens-partner(in) B	13	15		19 1 = Ja	57	
64		hinterblieben 17 1 = Ja	blind / ständig hilflos 21 1 = Ja			geh- und stehbehindert 23	1 = Ja

65 **Pflege-Pauschbetrag** wegen **unentgeltlicher** persönlicher Pflege einer ständig hilflosen Person in ihrer oder in meiner Wohnung — Erstmalige Beantragung / Änderung (Nachweis ist einzureichen)

Name, Anschrift und Verwandtschaftsverhältnis der hilflosen Person(en) | Name anderer Pflegeperson(en)

66

Andere außergewöhnliche Belastungen
(z. B. Fahrtkosten behinderter Menschen, Krankheitskosten, Kurkosten, Pflegekosten)

	Art der Belastungen	Aufwendungen EUR	Erhaltene / Anspruch auf zu erwartende Versicherungsleistungen, Beihilfen, Unterstützungen; Wert des Nachlasses usw. EUR
67		63 ,–	64 ,–
68	Für die – wegen Abzugs der zumutbaren Belastung – nicht abziehbaren Pflegeleistungen wird die Steuerermäßigung für haushaltsnahe Dienstleistungen beantragt. Die in Zeile 67 enthaltenen Aufwendungen für haushaltsnahe Pflegeleistungen betragen (Aufwendungen abzüglich Erstattungen)		77 ,–

Haushaltsnahe Beschäftigungsverhältnisse, Dienstleistungen und Handwerkerleistungen

18

Steuerermäßigung bei Aufwendungen für

			Aufwendungen (abzüglich Erstattungen) EUR
	– geringfügige Beschäftigungen im Privathaushalt – sog. Minijobs – Art der Tätigkeit		
69		202	,–
	– sozialversicherungspflichtige Beschäftigungen im Privathaushalt Art der Tätigkeit		
70		207	,–
	– haushaltsnahe Dienstleistungen, Hilfe im eigenen Haushalt Art der Aufwendungen		
71	**Gartenarbeiten**	210	680 ,–
	– Pflege- und Betreuungsleistungen im Haushalt, in Heimunterbringungskosten enthaltene Aufwendungen für Dienstleistungen, die denen einer Haushaltshilfe vergleichbar sind (soweit nicht bereits in Zeile 67 berücksichtigt); das in Zeile 67 als Erstattung für häusliche Pflege- und Betreuungskosten berücksichtigte Pflegegeld (§ 37 SGB XI) / Pflegetagegeld Art der Aufwendungen		
72	**Haushaltshilfe**	213	1.200 ,–
	– Handwerkerleistungen für Renovierungs-, Erhaltungs- und Modernisierungsmaßnahmen im eigenen Haushalt (ohne öffentlich geförderte Maßnahmen, für die zinsverbilligte Darlehen oder steuerfreie Zuschüsse in Anspruch genommen werden, z. B. KfW-Bank, landeseigener Förderbanken oder Gemeinden) Art der Aufwendungen		
73	**Maler**	214	800 ,–

74 **Nur bei Alleinstehenden und Eintragungen in den Zeilen 68 bis 73:**
Es bestand ganzjährig ein gemeinsamer Haushalt mit einer oder mehreren anderen alleinstehenden Person(en) — Anzahl der weiteren Personen 223

Name, Vorname, Geburtsdatum

75

76 **Nur bei Alleinstehenden oder Einzelveranlagung von Ehegatten / Lebenspartnern und Eintragungen in den Zeilen 68 bis 73:**
Laut einzureichendem gemeinsamen Antrag sind die Höchstbeträge für die Aufwendungen lt. den Zeilen 68 bis 73 in einem anderen Verhältnis als je zur Hälfte aufzuteilen. Der bei mir zu berücksichtigende Anteil beträgt 221 %

77 **Nur in Fällen der Zusammenveranlagung oder Einzelveranlagung von Ehegatten / Lebenspartnern und Eintragungen in den Zeilen 68 bis 73:**
Es wurde 2015 ein gemeinsamer Haushalt begründet oder aufgelöst und für einen Teil des Kalenderjahres ein Einzelhaushalt geführt — stpfl. Person / Ehemann / Lebenspartner(in) A: 219 1 = Ja — Ehefrau / Lebenspartner(in) B: 220 1 = Ja

Steuerermäßigung bei Belastung mit Erbschaftsteuer

78 Ich beantrage eine Steuerermäßigung, weil in dieser Steuererklärung Einkünfte erklärt worden sind, die als Erwerb von Todes wegen ab 2011 der Erbschaftsteuer unterlegen haben (lt. gesonderter Aufstellung). 185 1 = Ja

Steuerbegünstigung für schutzwürdige Kulturgüter

79 Steuerbegünstigung nach § 10g EStG für schutzwürdige Kulturgüter, die weder zur Einkunftserzielung noch zu eigenen Wohnzwecken genutzt werden — 151 — Abzugsbetrag EUR ,–

Verlustabzug / Spendenvortrag

		stpfl. Person / Ehemann / Lebenspartner(in) A EUR	Ehefrau / Lebenspartner(in) B EUR
80	Es wurde ein verbleibender Verlustvortrag nach § 10d EStG / Spendenvortrag nach § 10b EStG zum 31.12.2014 festgestellt für		
81	**Antrag auf Beschränkung des Verlustrücktrags nach 2014** Von den nicht ausgeglichenen negativen Einkünften 2015 soll folgender Gesamtbetrag nach 2014 zurückgetragen werden	,–	,–

4

Steuernummer 09/081/5471/1 — Tausendsassa, Horst

Sonstige Angaben und Anträge

18

Zeile		stpfl. Person / Ehemann / Lebenspartner(in) A EUR		Ehefrau / Lebenspartner(in) B EUR	
91	**Einkommensersatzleistungen,** die dem Progressionsvorbehalt unterliegen, z. B. Arbeitslosengeld, Elterngeld, Insolvenzgeld, Krankengeld, Mutterschaftsgeld und vergleichbare Leistungen aus einem EU- / EWR-Staat oder der Schweiz (ohne Beträge lt. Zeile 27 der Anlage N)	120	,—	121	,—

Nur bei Einzelveranlagung von Ehegatten / Lebenspartnern:

92 Laut übereinstimmendem Antrag sind die Sonderausgaben, außergewöhnlichen Belastungen sowie die Steuerermäßigung für haushaltsnahe Beschäftigungsverhältnisse, Dienstleistungen und Handwerkerleistungen je zur Hälfte aufzuteilen (Der Antrag auf Aufteilung des Freibetrages zur Abgeltung eines Sonderbedarfs bei Berufsausbildung eines volljährigen Kindes ist in Zeile 52 der Anlage Kind, der Antrag auf Aufteilung bei Übertragung des Behinderten- oder Hinterbliebenen-Pauschbetrags in Zeile 66 der Anlage Kind zu stellen.). — 222 — 1 = Ja

Nur bei zeitweiser unbeschränkter Steuerpflicht im Kalenderjahr 2015:

Zeile			vom	bis
93	Wohnsitz oder gewöhnlicher Aufenthalt im Inland	stpfl. Person / Ehemann / Lebenspartner(in) A		
94		Ehefrau / Lebenspartner(in) B		

Zeile			EUR
95	Ausländische Einkünfte, die außerhalb der in den Zeilen 93 und / oder 94 genannten Zeiträume bezogen wurden und nicht der deutschen Einkommensteuer unterlegen haben (Bitte Nachweise über die Art und Höhe dieser Einkünfte einreichen.)	122	,—
96	In Zeile 95 enthaltene außerordentliche Einkünfte i. S. d. §§ 34, 34b EStG	177	,—

Bei Beendigung der unbeschränkten Steuerpflicht:

Zeile		stpfl. Person / Ehemann / Lebenspartner(in) A		Ehefrau / Lebenspartner(in) B	
97	Mir gehörte im Zeitpunkt der Beendigung der unbeschränkten Steuerpflicht (Wegzug) eine Beteiligung i. S. d. § 17 EStG an einer in- oder ausländischen Kapitalgesellschaft / Genossenschaft	171	1 = Ja	172	1 = Ja
98	Im Zeitraum zwischen Beendigung der unbeschränkten Steuerpflicht bis zur Abgabe der Einkommensteuererklärung 2015 lag mein Wohnsitz zumindest zeitweise in einem niedrig besteuernden Gebiet i. S. d. § 2 Abs. 2 AStG	169	1 = Ja	170	1 = Ja

4

Nur bei Personen ohne Wohnsitz oder gewöhnlichen Aufenthalt im Inland, die beantragen, als unbeschränkt steuerpflichtig behandelt zu werden:

99 Es wird für die Anwendung personen- und familienbezogener Steuervergünstigungen beantragt, als unbeschränkt steuerpflichtig behandelt zu werden. — Antragsteller: 130 — 1 = stpfl. Person / Ehemann / Lebenspartner(in) A, 2 = Ehefrau / Lebenspartner(in) B, 3 = beide Ehegatten / Lebenspartner

100 lt. „Bescheinigung EU / EWR“ (bitte einreichen) — lt. „Bescheinigung außerhalb EU / EWR“ (bitte einreichen)

Zeile		stpfl. Person / Ehemann / Lebenspartner(in) A EUR		Ehefrau / Lebenspartner(in) B EUR	
101	Summe der nicht der deutschen Einkommensteuer unterliegenden Einkünfte (ggf. „0“)	124	,—	129	,—
102	In Zeile 101 enthaltene Kapitalerträge, die der Abgeltungsteuer unterliegen oder – im Fall von ausländischen Kapitalerträgen – unterliegen würden	131	,—	133	,—

Zeile			stpfl. Person / Ehegatten / Lebenspartner EUR
103	In Zeile 101 enthaltene außerordentliche Einkünfte i. S. d. §§ 34, 34b EStG	177	,—

Zeile		stpfl. Person / Ehemann / Lebenspartner(in) A EUR Ct	Ehefrau / Lebenspartner(in) B EUR Ct
104	Steuerabzugsbeträge nach § 50a EStG	149	146
105	Solidaritätszuschlag zu Zeile 104	148	145

Nur bei im EU- / EWR-Ausland oder in der Schweiz lebenden Ehegatten / Lebenspartnern:

106 Ich beantrage als Staatsangehöriger eines EU- / EWR-Staates die Anwendung familienbezogener Steuervergünstigungen. Nachweis ist einzureichen (z. B. „Bescheinigung EU / EWR“).
Die nicht der deutschen Besteuerung unterliegenden Einkünfte beider Ehegatten / Lebenspartner sind in Zeile 101 enthalten.

Nur bei Angehörigen des deutschen öffentlichen Dienstes ohne Wohnsitz oder gewöhnlichen Aufenthalt im Inland, die im dienstlichen Auftrag außerhalb der EU oder des EWR tätig sind:

107 Ich beantrage die Anwendung familienbezogener Steuervergünstigungen. Die „Bescheinigung EU / EWR“ ist einzureichen.

Weiterer Wohnsitz in Belgien (abweichend von den Zeilen 11 bis 13) bei Einkünften aus nichtselbständiger Arbeit und Renten

108

Zeile		stpfl. Person / Ehemann / Lebenspartner(in) A			Ehefrau / Lebenspartner(in) B		
109	Unterhalten Sie auf Dauer angelegte Geschäftsbeziehungen zu Finanzinstituten im Ausland?	116	2	1 = Ja, 2 = Nein	117	2	1 = Ja, 2 = Nein

Unterschrift

Die mit der Steuererklärung / dem Antrag angeforderten Daten werden aufgrund der §§ 149, 150 und 181 Abs. 2 der Abgabenordnung, der §§ 25, 46 und 51a Abs. 2d des Einkommensteuergesetzes sowie des § 14 Abs. 4 des Fünften Vermögensbildungsgesetzes erhoben.

Bei der Anfertigung dieser Steuererklärung hat mitgewirkt:

110 Datum, Unterschrift(en) — Steuererklärungen sind eigenhändig – bei Ehegatten / Lebenspartnern von beiden – zu unterschreiben.

Zeile					
1	Name: **Tausendsassa**			**Anlage Vorsorgeaufwand**	
2	Vorname: **Horst und Irene**				
3	Steuernummer **09/081/5471/1**				
	Angaben zu Vorsorgeaufwendungen				52
	Beiträge zur Altersvorsorge		stpfl. Person / Ehemann / Lebenspartner(in) A EUR		Ehefrau / Lebenspartner(in) B EUR
	Beiträge				
4	– lt. Nr. 23 a / b der Lohnsteuerbescheinigung (Arbeitnehmeranteil)	300	, –	400	, –
5	– zu landwirtschaftlichen Alterskassen sowie zu berufsständischen Versorgungseinrichtungen, die den gesetzlichen Rentenversicherungen vergleichbare Leistungen erbringen (abzgl. steuerfreier Zuschüsse) – ohne Beiträge, die in Zeile 4 geltend gemacht werden –	301	, –	401	, –
6	– zu gesetzlichen Rentenversicherungen – ohne Beiträge, die in Zeile 4 geltend gemacht werden –	302	, –	402	, –
7	– zu zertifizierten Basisrentenverträgen (sog. Rürup-Verträge) mit Laufzeitbeginn nach dem 31.12.2004 – ohne Altersvorsorgebeiträge, die in der Anlage AV geltend gemacht werden –	303	, –	403	, –
8	Arbeitgeberanteil / -zuschuss lt. Nr. 22 a / b der Lohnsteuerbescheinigung	304	, –	404	, –
9	Arbeitgeberanteil zu gesetzlichen Rentenversicherungen im Rahmen einer pauschal besteuerten geringfügigen Beschäftigung (bitte Anleitung beachten)	306	, –	406	, –
	Eine Eintragung ist stets vorzunehmen; bei Zusammenveranlagung von jedem Ehegatten / Lebenspartner: Haben Sie zu Ihrer Krankenversicherung oder Ihren Krankheitskosten Anspruch auf – steuerfreie Zuschüsse (z. B. Rentner aus der gesetzlichen Rentenversicherung) oder – steuerfreie Arbeitgeberbeiträge (z. B. sozialversicherungspfl. Arbeitnehmer und deren mitversicherter Ehegatte / Lebenspartner) oder				
10	– steuerfreie Beihilfen (z. B. Beamte oder Versorgungsempfänger und deren Ehegatten / Lebenspartner) ?	307	**1** (1 = Ja, 2 = Nein)	407	**1** (1 = Ja, 2 = Nein)
	Beiträge zur inländischen gesetzlichen Kranken- und Pflegeversicherung				
11	Arbeitnehmerbeiträge zu Krankenversicherungen lt. Nr. 25 der Lohnsteuerbescheinigung	320	**1.007** , –	420	, –
12	In Zeile 11 enthaltene Beiträge, aus denen sich kein Anspruch auf Krankengeld ergibt	322	, –	422	, –
13	Arbeitnehmerbeiträge zu sozialen Pflegeversicherungen lt. Nr. 26 der Lohnsteuerbescheinigung	323	**151** , –	423	, –
14	Zu den Zeilen 11 bis 13: Von der Kranken- und / oder sozialen Pflegeversicherung erstattete Beiträge	324	, –	424	, –
15	In Zeile 14 enthaltene Beiträge zur Krankenversicherung, aus denen sich kein Anspruch auf Krankengeld ergibt, und zur sozialen Pflegeversicherung	325	, –	425	, –
16	Beiträge zu Krankenversicherungen – ohne Beiträge, die in Zeile 11 geltend gemacht werden – (z. B. bei Rentnern; bei freiwillig gesetzlich versicherten Selbstzahlern, wenn der Datenübermittlung nicht widersprochen wurde)	326	**369** , –	426	**597** , –
17	In Zeile 16 enthaltene Beiträge zur Krankenversicherung, aus denen sich ein Anspruch auf Krankengeld ergibt	328	, –	428	, –
18	Beiträge zu sozialen Pflegeversicherungen – ohne Beiträge, die in Zeile 13 geltend gemacht werden – (z. B. bei Rentnern; bei freiwillig gesetzlich versicherten Selbstzahlern, wenn der Datenübermittlung nicht widersprochen wurde)	329	**44** , –	429	**72** , –
19	Zu den Zeilen 16 bis 18: Von der Kranken- und / oder sozialen Pflegeversicherung erstattete Beiträge	330	, –	430	, –
20	In Zeile 19 enthaltene Beiträge zur Krankenversicherung, aus denen sich ein Anspruch auf Krankengeld ergibt	331	, –	431	, –
21	Zuschuss zu den Beiträgen lt. Zeile 16 und / oder 18 – ohne Beträge lt. Zeile 37 und 39 – (z. B. von der Deutschen Rentenversicherung)	332	, –	432	, –
22	Über die Basisabsicherung hinausgehende Beiträge zu Krankenversicherungen (z. B. für Wahlleistungen, Zusatzversicherung) abzüglich erstatteter Beiträge	338	, –	438	, –
	Beiträge zur inländischen privaten Kranken- und Pflegeversicherung – Füllen Sie die Zeilen 23 bis 27 und 42 bis 45 nur aus, wenn Sie der Datenübermittlung nicht widersprochen haben. –				
23	Beiträge zu Krankenversicherungen (nur Basisabsicherung, keine Wahlleistungen)	350	, –	450	, –
24	Beiträge zu Pflege-Pflichtversicherungen	351	, –	451	, –
25	Zu den Zeilen 23 und 24: Von der privaten Kranken- und / oder Pflege-Pflichtversicherung erstattete Beiträge	352	, –	452	, –
26	Zuschuss von dritter Seite zu den Beiträgen lt. Zeile 23 und / oder 24 (z. B. von der Deutschen Rentenversicherung)	353	, –	453	, –
27	Über die Basisabsicherung hinausgehende Beiträge zu Krankenversicherungen (z. B. für Wahlleistungen, Zusatzversicherung) abzüglich erstatteter Beiträge	354	, –	454	, –
28	Beiträge (abzüglich erstatteter Beiträge) zu zusätzlichen Pflegeversicherungen (ohne Pflege-Pflichtversicherung)	355	, –	455	, –

4

Steuernummer 09/081/5471/1 Tausendsassa, Horst

Beiträge zur ausländischen gesetzlichen oder privaten Kranken- und Pflegeversicherung

Zeile			stpfl. Person / Ehemann / Lebenspartner(in) A EUR		Ehefrau / Lebenspartner(in) B EUR
31	Beiträge (abzüglich steuerfreier Zuschüsse – ohne Beträge lt. Zeile 37 –) zur Krankenversicherung, die mit einer inländischen Krankenversicherung vergleichbar ist (nur Basisabsicherung, keine Wahlleistungen)	333	,–	433	,–
32	In Zeile 31 enthaltene Beiträge zur Krankenversicherung, aus denen sich kein Anspruch auf Krankengeld ergibt	334	,–	434	,–
33	Beiträge (abzüglich steuerfreier Zuschüsse – ohne Beträge lt. Zeile 39 –) zur sozialen Pflegeversicherung / Pflege-Pflichtversicherung, die mit einer inländischen Pflegeversicherung vergleichbar ist	335	,–	435	,–
34	Zu den Zeilen 31 bis 33: Von der Kranken- und / oder sozialen Pflegeversicherung / Pflege-Pflichtversicherung erstattete Beiträge	336	,–	436	,–
35	In Zeile 34 enthaltene Beiträge zur Krankenversicherung, aus denen sich kein Anspruch auf Krankengeld ergibt, und zur sozialen Pflegeversicherung	337	,–	437	,–
36	Über die Basisabsicherung hinausgehende Beiträge (abzüglich erstatteter Beiträge) zu Krankenversicherungen und zusätzlichen Pflegeversicherungen (z. B. für Wahlleistungen, Zusatzversicherung)	339	,–	439	,–

Steuerfreie Arbeitgeberzuschüsse

Zeile					
	Steuerfreie Arbeitgeberzuschüsse zur				
37	– gesetzlichen Krankenversicherung lt. Nr. 24 a der Lohnsteuerbescheinigung	360	,–	460	,–
38	– privaten Krankenversicherung lt. Nr. 24 b der Lohnsteuerbescheinigung	361	,–	461	,–
39	– gesetzlichen Pflegeversicherung lt. Nr. 24 c der Lohnsteuerbescheinigung	362	,–	462	,–

Als Versicherungsnehmer für andere Personen übernommene Kranken- und Pflegeversicherungsbeiträge

40 IdNr. der mitversicherten Person 600

„Andere Personen" sind z. B. Kinder, für die **kein** Anspruch auf Kindergeld / Kinderfreibetrag besteht (bei Anspruch auf Kindergeld / Kinderfreibetrag sind die Eintragungen in den Zeilen 31 bis 37 der Anlage Kind vorzunehmen).

41 Name, Vorname, Geburtsdatum der mitversicherten Person

Zeile			stpfl. Person / Ehegatten / Lebenspartner EUR
42	Beiträge (abzüglich steuerfreier Zuschüsse) zu privaten Krankenversicherungen (nur Basisabsicherung, keine Wahlleistungen)	601	,–
43	Beiträge (abzüglich steuerfreier Zuschüsse) zu Pflege-Pflichtversicherungen	602	,–
44	Zu den Zeilen 42 bis 43: Von der privaten Kranken- und / oder Pflege-Pflichtversicherung erstattete Beiträge	603	,–
45	Beiträge (abzüglich erstatteter Beiträge) zu privaten Kranken- und / oder Pflegeversicherungen (ohne Basisabsicherung, z. B. für Wahlleistungen, Zusatzversicherung)	604	,–

4

Weitere sonstige Vorsorgeaufwendungen

Zeile			stpfl. Person / Ehemann / Lebenspartner(in) A EUR		Ehefrau / Lebenspartner(in) B EUR
46	Arbeitnehmerbeiträge zur Arbeitslosenversicherung lt. Nr. 27 der Lohnsteuerbescheinigung	370	,–	470	,–
	Beiträge (abzüglich steuerfreier Zuschüsse und erstatteter Beiträge) zu				
47	– Kranken- und Pflegeversicherungen (Gesamtbetrag) (nur einzutragen, wenn Sie der Datenübermittlung widersprochen haben; Einträge zu zusätzlichen Pflegeversicherungen sind nur in Zeile 28 vorzunehmen)	371	,–	471	,–

Zeile			stpfl. Person / Ehegatten / Lebenspartner EUR
48	– Versicherungen gegen Arbeitslosigkeit – ohne Beiträge, die in Zeile 46 geltend gemacht werden –	500	,–
49	– freiwilligen eigenständigen Erwerbs- und Berufsunfähigkeitsversicherungen	501	,–
50	– Unfall- und Haftpflichtversicherungen sowie Risikoversicherungen, die nur für den Todesfall eine Leistung vorsehen	502	,–
51	– Rentenversicherungen mit Kapitalwahlrecht und / oder Kapitallebensversicherungen mit einer Laufzeit von mindestens 12 Jahren sowie einem Laufzeitbeginn und der ersten Beitragszahlung vor dem 1.1. 2005	503	,–
52	– Rentenversicherungen ohne Kapitalwahlrecht mit Laufzeitbeginn und erster Beitragszahlung vor dem 1.1. 2005 (auch steuerpflichtige Beiträge zu Versorgungs- und Pensionskassen) – ohne Altersvorsorgebeiträge, die in der Anlage AV geltend gemacht werden –	504	,–

Ergänzende Angaben zu Vorsorgeaufwendungen

Zeile			stpfl. Person / Ehemann / Lebenspartner(in) A		Ehefrau / Lebenspartner(in) B
	Es bestand 2015 keine gesetzliche Rentenversicherungspflicht aus dem **aktiven** Dienstverhältnis / aus der Tätigkeit				
53	– als Beamter / Beamtin	380	1 = Ja	480	1 = Ja
54	– als Vorstandsmitglied / GmbH-Gesellschafter-Geschäftsführer/in	381	1 = Ja	481	1 = Ja
	– als (z. B. Praktikant/in, Student/in im Praktikum)				
55	Bezeichnung	382	1 = Ja	482	1 = Ja
56	Aufgrund des genannten Dienstverhältnisses / der Tätigkeit bestand hingegen eine Anwartschaft auf Altersversorgung	383	1 = Ja 2 = Nein	483	1 = Ja 2 = Nein
57	Die Anwartschaft auf Altersversorgung wurde ganz oder teilweise ohne eigene Beitragsleistungen erworben (Bei Vorstandsmitgliedern / GmbH-Gesellschafter-Geschäftsführern: Falls nein, bitte geeignete Unterlagen einreichen.)	384	1 = Ja 2 = Nein	484	1 = Ja 2 = Nein
58	Es wurde Arbeitslohn aus einem **nicht aktiven** Dienstverhältnis – insbesondere Betriebsrente / Werkspension – bezogen, bei dem es sich nicht um steuerbegünstigte Versorgungsbezüge (Zeilen 11 bis 16 der Anlage N) handelt. Bei Altersteilzeit ist hier keine Eintragung vorzunehmen.	385	1 = Ja	485	1 = Ja

Sonstige Vorsorgeaufwendungen

Gesetzliche Kranken- und Pflegeversicherungen bei Nichtarbeitnehmern

Steuerpflichtiger

Krankenversicherung – aus der Anlage R – Seite 1	**Häufigkeit der Zahlung**	**Beitrag**	**Gesamt-beitrag**	**Summe**
Krankenversicherung 1. Rente	12	30,68	368,16	
Gesamt				368,16
Summe				**369,00**
Pflegeversicherung – aus der Anlage R – Seite 1				
Pflegeversicherung 1. Rente	12	3,60	43,20	
Gesamt				43,20
Summe				**44,00**

4

Ehefrau

Krankenversicherung – aus der Anlage R – Seite 1	**Häufigkeit der Zahlung**	**Beitrag**	**Gesamt-beitrag**	**Summe**
Krankenversicherung 1. Rente	12	49,70	596,40	
Gesamt				596,40
Summe				**597,00**
Pflegeversicherung – aus der Anlage R – Seite 1				
Pflegeversicherung 1. Rente	12	5,95	71,40	
Gesamt				71,40
Summe				**72,00**

Zeile			
	Name		
1	Tausendsassa		**Anlage G** Jeder Ehegatte / Lebenspartner mit Einkünften aus Gewerbebetrieb hat eine eigene Anlage G abzugeben.
	Vorname		
2	Horst		X stpfl. Person / Ehemann / Lebenspartner(in) A
3	Steuernummer 09/081/5471/1	Bei Bruttobetriebseinnahmen ab 17.500 € ist für jeden Betrieb, soweit keine Bilanz erstellt wird, zusätzlich eine Anlage EÜR elektronisch zu übermitteln. Eine Bilanz ist stets elektronisch zu übermitteln.	Ehefrau / Lebenspartner(in) B

Einkünfte aus Gewerbebetrieb

Gewinn (ohne die Beträge in den Zeilen 31, 34, 38, 40, 41 und 44; bei ausländischen Einkünften: Anlage AUS beachten) **44**

als Einzelunternehmer
(Art des Gewerbes, bei Verpachtung: Art des vom Pächter betriebenen Gewerbes)

Zeile		Kz	EUR
4	1. Betrieb: Versicherungsmakler	10/11	5.928 ,–
5	2. Betrieb	62/63	,–
	Weitere Betriebe		
6		12/13	,–
	lt. gesonderter Feststellung (Betriebsfinanzamt und Steuernummer)		
7		58/59	,–
	als Mitunternehmer (Gesellschaft, Finanzamt und Steuernummer)		
8	1.	14/15	,–
9	2.	16/17	,–
10	3.	18/19	,–
11	4.	20/21	,–
	Gesellschaften / Gemeinschaften / ähnliche Modelle i. S. d. § 15b EStG		
12			,–
13	In den Zeilen 4 bis 11 und 44 nicht enthaltener steuerfreier Teil der Einkünfte, für die das **Teileinkünfteverfahren** gilt – Berechnung lt. gesonderter Aufstellung –	24/25	,–
14	Ich beantrage für den in den Zeilen 4 bis 11 und 34 enthaltenen Gewinn die Begünstigung nach § 34a EStG und / oder es wurde zum 31.12. 2014 ein nachversteuerungspflichtiger Betrag festgestellt. Einzureichende **Anlage(n) 34a**		Anzahl

Zusätzliche Angaben bei Steuerermäßigung nach § 35 EStG

Zeile		Kz	EUR
15	Für 2015 festzusetzender (anteiliger) Gewerbesteuer-Messbetrag i. S. d. § 35 EStG des Betriebs / des Mitunternehmeranteils lt. Zeile 4 (ohne Gewerbesteuer-Messbetrag, der auf nach § 5a Abs. 1 EStG ermittelten Gewinn oder Gewinn i. S. d. § 18 Abs. 3 UmwStG entfällt) – Berechnung lt. gesonderter Aufstellung –	64/65	0 ,–
16	Für 2015 tatsächlich zu zahlende Gewerbesteuer, die auf den Gewerbesteuer-Messbetrag lt. Zeile 15 entfällt – Berechnung lt. gesonderter Aufstellung –	66/67	0 ,–
17	Für 2015 festzusetzender (anteiliger) Gewerbesteuer-Messbetrag i. S. d. § 35 EStG des Betriebs / des Mitunternehmeranteils lt. Zeile (ohne Gewerbesteuer-Messbetrag, der auf nach § 5a Abs. 1 EStG ermittelten Gewinn oder Gewinn i. S. d. § 18 Abs. 3 UmwStG entfällt) – Berechnung lt. gesonderter Aufstellung –	68/69	,–
18	Für 2015 tatsächlich zu zahlende Gewerbesteuer, die auf den Gewerbesteuer-Messbetrag lt. Zeile 17 entfällt – Berechnung lt. gesonderter Aufstellung –	70/71	,–
19	Summe aller weiteren für 2014 festzusetzenden (anteiligen) Gewerbesteuer-Messbeträge i. S. d. § 35 EStG der Betriebe / der Mitunternehmeranteile lt. den Zeilen 4 bis 11 und 44 (ohne Gewerbesteuer-Messbeträge, die auf nach § 5a Abs. 1 EStG ermittelte Gewinne oder Gewinne i. S. d. § 18 Abs. 3 UmwStG entfallen) – Berechnung lt. gesonderter Aufstellung –	85/86	,–
20	Summe aller weiteren für 2015 tatsächlich zu zahlenden Gewerbesteuern, die auf die Gewerbesteuer-Messbeträge lt. Zeile 19 entfallen – Berechnung lt. gesonderter Aufstellung –	81/82	,–

Bei zusammen veranlagten Ehegatten / Lebenspartnern:
Bezieht nur ein Ehegatte / Lebenspartner Einkünfte aus Gewerbebetrieb, sind in den Zeilen 21 bis 28 auch die Einkünfte des anderen Ehegatten / Lebenspartners einzutragen. Beziehen beide Ehegatten / Lebenspartner Einkünfte aus Gewerbebetrieb, füllt jeder Ehegatte / Lebenspartner die Zeilen 21 bis 28 in seiner eigenen Anlage G aus.

Zeile		stpfl. Person / Ehemann / Lebenspartner(in) A EUR	Ehefrau / Lebenspartner(in) B EUR
21	Summe der positiven Einkünfte aus Land- und Forstwirtschaft	,–	,–
22	Summe der positiven Einkünfte aus Gewerbebetrieb	5.928 ,–	,–
23	Summe der positiven Einkünfte aus selbständiger Arbeit	,–	,–
24	Summe der positiven Einkünfte aus nichtselbständiger Arbeit	8.273 ,–	,–
25	Summe der positiven Einkünfte aus Vermietung und Verpachtung	640 ,–	640 ,–
26	Summe der positiven sonstigen Einkünfte	4.906 ,–	4.120 ,–
27	Summe der Zeilen 21 bis 26	72 19.747 ,–	73 4.760 ,–
28	Positive Summe der Einkünfte aus Kapitalvermögen, die der tariflichen Einkommensteuer unterliegen	,–	,–

Steuernummer, Name und Vorname
09/081/5471/1 | Tausendsassa, Horst

Veräußerungsgewinn vor Abzug etwaiger Freibeträge — 45

bei Veräußerung / Aufgabe – eines **ganzen Betriebs**, eines **Teilbetriebs**, eines ganzen **Mitunternehmeranteils** (§ 16 EStG),
– eines **einbringungsgeborenen Anteils** an einer Kapitalgesellschaft (§ 21 UmwStG i. d. am 21.5.2003 geltenden Fassung) oder
– in gesetzlich gleichgestellten Fällen, z. B. Wegzug in das Ausland

Zeile		Kz.	EUR
31	Veräußerungsgewinn, für den der **Freibetrag nach § 16 Abs. 4 EStG** wegen dauernder Berufsunfähigkeit oder Vollendung des 55. Lebensjahres **beantragt** wird. Für nach dem 31.12.1995 erfolgte Veräußerungen / Aufgaben wurde der Freibetrag nach § 16 Abs. 4 EStG bei keiner Einkunftsart in Anspruch genommen.	24/25	,–
32	In Zeile 31 enthaltener steuerpflichtiger Teil, für den das **Teileinkünfteverfahren** gilt	32/33	,–
33	Veräußerungsgewinn lt. Zeile 31, für den der **ermäßigte Steuersatz** des § 34 Abs. 3 EStG wegen dauernder Berufsunfähigkeit oder Vollendung des 55. Lebensjahres beantragt wird. Für nach dem 31.12.2000 erfolgte Veräußerungen / Aufgaben wurde der ermäßigte Steuersatz des § 34 Abs. 3 EStG bei keiner Einkunftsart in Anspruch genommen.	34/35	,–
34	Veräußerungsgewinne, für die der **Freibetrag nach § 16 Abs. 4 EStG nicht beantragt** wird oder **nicht zu gewähren** ist	30/31	,–
35	In Zeile 34 enthaltener steuerpflichtiger Teil, für den das **Teileinkünfteverfahren** gilt	36/37	,–
36	In Zeile 34 enthaltener Veräußerungsgewinn, für den der **ermäßigte Steuersatz** des § 34 Abs. 3 EStG wegen dauernder Berufsunfähigkeit oder Vollendung des 55. Lebensjahres beantragt wird. Für nach dem 31.12.2000 erfolgte Veräußerungen / Aufgaben wurde der ermäßigte Steuersatz des § 34 Abs. 3 EStG bei keiner Einkunftsart in Anspruch genommen.	38/39	,–
37	In Zeile 36 enthaltener steuerpflichtiger Teil, für den das **Teileinkünfteverfahren** gilt	40/41	,–
38	Veräußerungsverlust nach § 16 EStG	22/23	,–
39	In Zeile 38 enthaltener steuerpflichtiger Teil, für den das **Teileinkünfteverfahren** gilt	44/45	,–
40	Steuerpflichtiger Teil des Veräußerungsgewinns bei Veräußerung von Anteilen an Kapitalgesellschaften / Genossenschaften nach § 17 EStG, § 6 AStG, § 13 UmwStG und in gesetzlich gleichgestellten Fällen	28/29	,–
41	Zu berücksichtigender Teil des Veräußerungsverlusts bei Veräußerung von Anteilen an Kapitalgesellschaften / Genossenschaften nach § 17 EStG, § 13 UmwStG und in gesetzlich gleichgestellten Fällen	26/27	,–
42	Zu den Zeilen 31 bis 37: Erwerber ist eine Gesellschaft, an der die veräußernde Person oder ein Angehöriger beteiligt ist (lt. gesonderter Aufstellung)		

Sonstiges

Zeile		Kz.	EUR
43	In den Zeilen 4 bis 12 enthaltene begünstigte sonstige Gewinne i. S. d. § 34 Abs. 2 Nr. 2 bis 4 EStG	55/56	,–
44	Zuzurechnendes Einkommen der Organgesellschaft (Gesellschaft, Finanzamt und Steuernummer)	66/67	,–
45	Saldo aus **Entnahmen und Einlagen** i. S. d. § 4 Abs. 4a EStG im Wirtschaftsjahr (bei mehreren Betrieben Erläuterungen lt. gesonderter Aufstellung)		,–
46	**Schuldzinsen** aus der Finanzierung von Anschaffungs- / Herstellungskosten von Wirtschaftsgütern des **Anlagevermögens**		,–
47	Summe der 2015 in Anspruch genommenen Investitionsabzugsbeträge nach § 7g Abs. 1 EStG – lt. gesonderter Aufstellung –		,–
48	Summe der 2015 nach § 7g Abs. 2 EStG hinzugerechneten Investitionsabzugsbeträge – lt. gesonderter Aufstellung –		,–
49	Anteile an Kapitalgesellschaften, Bezugsrechte sind 2015 übertragen worden (Einzelangaben lt. gesonderter Aufstellung)		

Zeile		außer Ansatz gelassene Verluste	enthaltene ungekürzte Gewinne	verrechnete Verluste aus anderen Jahren
50	**Gewerbliche Tierzucht / -haltung:** In den Zeilen 4 bis 12, 31, 34 und 38	€	€	€
51	Die 2014 nach Maßgabe des § 10d Abs. 1 EStG vorzunehmende Verrechnung nicht ausgeglichener negativer Einkünfte 2015 aus Zeile 50 soll wie folgt begrenzt werden:			€
52	**Gewerbliche Termingeschäfte:** In den Zeilen 4 bis 12, 31, 34 und 38	€	€	€
53	Die 2014 nach Maßgabe des § 10d Abs. 1 EStG vorzunehmende Verrechnung nicht ausgeglichener negativer Einkünfte 2015 aus Zeile 52 soll wie folgt begrenzt werden:			€
54	**Verluste aus Beteiligungen** an einer REIT-AG, anderen REIT-Körperschaften, -Personenvereinigungen oder -Vermögensmassen: In den Zeilen 4 bis 12, 31, 34 und 38	€	€	€
55	Die 2014 nach Maßgabe des § 10d Abs. 1 EStG vorzunehmende Verrechnung nicht ausgeglichener negativer Einkünfte 2015 aus Zeile 54 soll wie folgt begrenzt werden:			€

Zeile		Anzahl
56	Für die in den Zeilen 4 bis 6 genannten Betriebe ist die Anlage Zinsschranke beigefügt. Beigefügte **Anlage(n) Zinsschranke**	

4

Gewinnermittlung vom 01.01.2016 bis 31.12.2016

A) Betriebseinnahmen:

Provisionen		14.370,00 €	
Erfolgsprämien		500,00 €	
Summe der Einnahmen			**14.870,00 €**

B) Betriebsausgaben:

Raumkosten		600,00 €	
Personalkosten Aushilfe		3.000,00 €	
Fahrzeugkosten	5.270 km x 0,30 €	1.581,00 €	
Werbekosten		250,00 €	
Reisekosten		150,00 €	
Porto		120,00 €	
Telefongebühren pauschal		360,00 €	
Versicherungen/Beiträge		480,00 €	
Büromaterial		260,00 €	
Steuerberatungskosten		850,00 €	
sonstige Kosten		211,00 €	
Abschreibung GWG (Computertisch)	380,00 €		
Abschreibung PC	700,00 €	1.080,00 €	
Summe der Ausgaben			**8.942,00 €**

C) **Gewinn/ Verlust** **5.928,00 €**

4

Anlage N

Jeder Ehegatte / Lebenspartner mit Einkünften aus nichtselbständiger Arbeit hat eine eigene Anlage N abzugeben.

X stpfl. Person / Ehemann / Lebenspartner(in) A

Ehefrau / Lebenspartner(in) B

Zeile		
1	Name	Tausendsassa
2	Vorname	Horst
3	Steuernummer	09/081/5471/1
4	eTIN lt. Lohnsteuerbescheinigung(en), sofern vorhanden	TSNDHRST24F17E
	eTIN lt. weiterer Lohnsteuerbescheinigung(en), sofern vorhanden	

Einkünfte aus nichtselbständiger Arbeit

4

Angaben zum Arbeitslohn

Zeile		Kz	Lohnsteuerbescheinigung(en) Steuerklasse 1 – 5 EUR, Ct	Kz	Lohnsteuerbescheinigung(en) Steuerklasse 6 oder einer Urlaubskasse EUR, Ct
5	Steuerklasse	168	4		
6	Bruttoarbeitslohn	110	12.275,—	111	,—
7	Lohnsteuer	140	2.209,50	141	
8	Solidaritätszuschlag	150	121,52	151	
9	Kirchensteuer des Arbeitnehmers	142	198,86	143	
10	Nur bei Konfessionsverschiedenheit: Kirchensteuer für den Ehegatten / Lebenspartner	144		145	

Zeile		Kz	1. Versorgungsbezug	Kz	2. Versorgungsbezug
11	**Steuerbegünstigte Versorgungsbezüge** (in Zeile 6 enthalten)	200	12.275,—	210	,—
12	Bemessungsgrundlage für den Versorgungsfreibetrag lt. Nr. 29 der Lohnsteuerbescheinigung	201	11.768,—	211	,—
13	Maßgebendes Kalenderjahr des Versorgungsbeginns lt. Nr. 30 der Lohnsteuerbescheinigung	206	2005	216	
14	Bei unterjähriger Zahlung: Erster und letzter Monat, für den Versorgungsbezüge gezahlt wurden, lt. Nr. 31 der Lohnsteuerbescheinigung	202 Monat – 203 Monat		212 Monat – 213 Monat	
15	Sterbegeld, Kapitalauszahlungen / Abfindungen und Nachzahlungen von Versorgungsbezügen lt. Nr. 32 der Lohnsteuerbescheinigung (in den Zeilen 6 und 11 enthalten)	204	,—	214	,—

Zeile		Kz		Kz	
16	Ermäßigt zu besteuernde Versorgungsbezüge für mehrere Jahre lt. Nr. 9 der Lohnsteuerbescheinigung	205	,—	215	,—
17	**Entschädigungen** (Bitte Vertragsunterlagen einreichen) / **Arbeitslohn für mehrere Jahre**			166	,—
18	Steuerabzugsbeträge zu den Zeilen 16 und 17 – Lohnsteuer	146		Solidaritätszuschlag 152	
19	Kirchensteuer Arbeitnehmer	148		Kirchensteuer Ehegatte / Lebenspartner 149	

Zeile		Kz	
20	Steuerpflichtiger Arbeitslohn, von dem kein Steuerabzug vorgenommen worden ist (soweit nicht in der Lohnsteuerbescheinigung enthalten)	115	,—
21	Steuerfreier Arbeitslohn nach Doppelbesteuerungsabkommen / sonstigen zwischenstaatlichen Übereinkommen (Übertrag aus den Zeilen 52, 70 und / oder 81 der ersten **Anlage N-AUS**)	139	,—
22	Steuerfreier Arbeitslohn nach Auslandstätigkeitserlass (Übertrag aus Zeile 66 der ersten **Anlage N-AUS**)	136	,—
23	Steuerfreie Einkünfte (Besondere Lohnbestandteile) nach Doppelbesteuerungsabkommen / sonstigen zwischenstaatlichen Übereinkommen / Auslandstätigkeitserlass (Übertrag aus Zeile 80 der ersten **Anlage N-AUS**)	178	,—
24	Beigefügte **Anlage(n) N-AUS**		Anzahl

Zeile	Grenzgänger nach (Beschäftigungsland)	Kz	Arbeitslohn in ausländischer Währung	Kz	Schweizerische Abzugsteuer in SFr
25		116	,—	135	

Zeile			Kz	EUR
26	Steuerfrei erhaltene Aufwandsentschädigungen / Einnahmen	aus der Tätigkeit als	118	,—
27	**Kurzarbeitergeld, Zuschuss zum Mutterschaftsgeld, Verdienstausfallentschädigung nach dem Infektionsschutzgesetz, Aufstockungsbeträge nach dem Altersteilzeitgesetz, Altersteilzeitzuschläge nach Besoldungsgesetzen (lt. Nr. 15 der Lohnsteuerbescheinigung)**		119	,—

Angaben über Zeiten und Gründe der Nichtbeschäftigung (Bitte Nachweise einreichen)

28

4

Steuernummer, Name und Vorname
09/081/5471/1 | Tausendsassa, Horst

Werbungskosten – ohne Betrag lt. Zeilen 91 bis 94 – **8**

Wege zwischen Wohnung und erster Tätigkeitsstätte / Sammelpunkt / weiträumigem Tätigkeitsgebiet (Entfernungspauschale)

	Erste Tätigkeitsstätte in (PLZ, Ort und Straße)	vom	bis	Arbeitstage je Woche	Urlaubs- und Krankheitstage
31					
32					

Sammelpunkt / nächstgelegener Zugang zum weiträumigen Tätigkeitsgebiet (PLZ, Ort und Straße)

33

34

	Ort lt. Zeile	aufgesucht an Tagen	einfache Entfernung	davon mit eigenem oder zur Nutzung überlassenem Pkw zurückgelegt	davon mit Sammelbeförderung des Arbeitgebers zurückgelegt	davon mit öffentl. Verkehrsmitteln, Motorrad, Fahrrad o. Ä., als Fußgänger, als Mitfahrer einer Fahrgemeinschaft zurückgelegt	Aufwendungen für Fahrten mit öffentlichen Verkehrsmitteln (ohne Flug- und Fährkosten) EUR	Behinderungsgrad mind. 70 oder mind. 50 und Merkzeichen „G"
35	110	111	km 112	km 113	km	km 114	, — 115	1 = Ja
36	130	131	km 132	km 133	km	km 134	, — 135	1 = Ja
37	150	151	km 152	km 153	km	km 154	, — 155	1 = Ja
38	170	171	km 172	km 173	km	km 174	, — 175	1 = Ja

39 Arbeitgeberleistungen lt. Nr. 17 und 18 der Lohnsteuerbescheinigung und von der Agentur für Arbeit gezahlte Fahrtkostenzuschüsse — steuerfrei ersetzt 290 EUR ,— — pauschal besteuert 295 EUR ,—

Beiträge zu Berufsverbänden (Bezeichnung der Verbände)

40 — 310 ,—

Aufwendungen für Arbeitsmittel – soweit nicht steuerfrei ersetzt – (Art der Arbeitsmittel bitte einzeln angeben.)

		EUR		
41		,—		
42	+	,—	▶ 320	,—

Aufwendungen für ein häusliches Arbeitszimmer

43 — 325 ,—

Fortbildungskosten – soweit nicht steuerfrei ersetzt –

44 — 330 ,—

Weitere Werbungskosten – soweit nicht steuerfrei ersetzt –

Flug- und Fährkosten bei Wegen zwischen Wohnung und erster Tätigkeitsstätte / Sammelpunkt / weiträumigem Tätigkeitsgebiet

45 — ,—

Sonstiges (z. B. Bewerbungskosten, Kontoführungsgebühren)

46	+	,—		
47	+	,—		
48	+	,—	▶ 380	,—

Reisekosten bei beruflich veranlassten Auswärtstätigkeiten

49 Die Fahrten wurden ganz oder teilweise mit einem Firmenwagen oder im Rahmen einer unentgeltlichen Sammelbeförderung des Arbeitgebers durchgeführt — 401 — 1 = Ja, 2 = Nein

– Falls „Ja": Für die Fahrten mit Firmenwagen oder Sammelbeförderung dürfen mangels Aufwands keine Eintragungen zu Fahrtkosten in Zeile 50 vorgenommen werden. –

Fahrt- und Übernachtungskosten, Reisenebenkosten

50 — 410 ,—

51 **Vom Arbeitgeber steuerfrei ersetzt** 420 ,—

Pauschbeträge für Mehraufwendungen für Verpflegung

Bei einer Auswärtstätigkeit im Inland:

52	Abwesenheit von mehr als 8 Stunden (bei Auswärtstätigkeit ohne Übernachtung)	470	Anzahl der Tage
53	An- und Abreisetage (bei einer mehrtägigen Auswärtstätigkeit mit Übernachtung)	471	Anzahl der Tage
54	Abwesenheit von 24 Stunden	472	Anzahl der Tage
55	Kürzungsbeträge wegen Mahlzeitengestellung (eigene Zuzahlungen sind ggf. gegenzurechnen)	473	,—
56	Bei einer Auswärtstätigkeit im Ausland (Berechnung bitte in einer gesonderten Aufstellung):	474	,—
57	**Vom Arbeitgeber steuerfrei ersetzt**	490	,—

4

Steuernummer, Name und Vorname
09/081/5471/1 | Tausendsassa, Horst

Zeile		Kz.	
	Mehraufwendungen für doppelte Haushaltsführung		
	Allgemeine Angaben		am
61	Der doppelte Haushalt wurde aus beruflichem Anlass begründet	501	
	Grund		
62			bis
63	Der doppelte Haushalt hat seitdem ununterbrochen bestanden	502	2015
64	Der doppelte Haushalt liegt im Ausland	507	1 = Ja
	Beschäftigungsort (PLZ, Ort, Staat, falls im Ausland)		
65			
66	Es liegt ein **eigener Hausstand** am Lebensmittelpunkt vor Falls ja, in	503	1 = Ja 2 = Nein
	(PLZ, Ort)		seit
67		504	
68	Der Begründung des doppelten Haushalts ist eine Auswärtstätigkeit am selben Beschäftigungsort unmittelbar vorausgegangen	505	1 = Ja
69	Anstelle der Mehraufwendungen für doppelte Haushaltsführung werden in den Zeilen 31 bis 39 Fahrtkosten für **mehr** als eine Heimfahrt wöchentlich geltend gemacht	506	1 = Ja
	– Wird die Zeile 69 mit „Ja" beantwortet, sind Eintragungen in den Zeilen 70 bis 85 nicht vorzunehmen. –		

Zeile		Kz.	
	Fahrtkosten		
70	Die Fahrten wurden mit einem **Firmenwagen** oder im Rahmen einer unentgeltlichen **Sammelbeförderung** des Arbeitgebers durchgeführt	510	1 = Ja, insgesamt 2 = Nein 3 = Ja, teilweise
	– Soweit die Zeile 70 mit „Ja, insgesamt" beantwortet wird, sind Eintragungen in den Zeilen 71, 72, 74 und 76 nicht vorzunehmen. Bei „Ja, teilweise" sind Eintragungen in diesen Zeilen nur für die mit dem eigenen oder zur Nutzung überlassenen privaten Fahrzeug durchgeführten Fahrten vorzunehmen. –		
	Erste Fahrt zum Ort der ersten Tätigkeitsstätte und letzte Fahrt zum eigenen Hausstand		
71	mit privatem Kfz — 511 gefahrene km — Kilometersatz bei Einzelnachweis (Berechnung bitte in einer gesonderten Aufstellung)	512	EUR Ct
72	mit privatem Motorrad / Motorroller — 522 gefahrene km — Kilometersatz bei Einzelnachweis (Berechnung bitte in einer gesonderten Aufstellung)	523	EUR Ct
73	mit öffentlichen Verkehrsmitteln oder entgeltlicher Sammelbeförderung (lt. Nachweis)	513	EUR ,—
	Wöchentliche Heimfahrten		
74	einfache Entfernung (ohne Flugstrecken) — 514 km — 515 Anzahl		
75	Kosten für öffentliche Verkehrsmittel (lt. Nachweis – ohne Flug- und Fährkosten)	516	EUR ,—
	Nur bei Behinderungsgrad von mindestens 70 oder mindestens 50 und Merkzeichen „G"		
76	einfache Entfernung (ohne Flugstrecken) — 524 km — davon mit privatem Kfz zurückgelegt — 517 km — 518 Anzahl — Kilometersatz bei Einzelnachweis (Berechnung bitte in einer gesonderten Aufstellung)	519	EUR Ct
77	Kosten für öffentliche Verkehrsmittel (lt. Nachweis – ohne Flug- und Fährkosten)	520	EUR ,—
78	Flug- und Fährkosten (zu den Zeilen 74 bis 77) oder Kosten für entgeltliche Sammelbeförderung für Heimfahrten (lt. Nachweis)	521	,—

Zeile		Kz.	
	Kosten der Unterkunft am Ort der ersten Tätigkeitsstätte		
79	Aufwendungen lt. Nachweis (z. B. Miete einschließlich Stellplatz- / Garagenkosten, Nebenkosten, Abschreibungen und Ausstattungskosten)	530	,—
80	Größe der Zweitwohnung des doppelten Haushalts im Ausland	531	m^2

Zeile		Kz.	
	Pauschbeträge für Mehraufwendungen für Verpflegung		
	Die Verpflegungsmehraufwendungen lt. Zeilen 81 bis 84 können nur für einen Zeitraum von 3 Monaten nach Bezug der Unterkunft am Ort der ersten Tätigkeitsstätte geltend gemacht werden; geht der doppelten Haushaltsführung eine Auswärtstätigkeit voraus, ist dieser Zeitraum auf den Dreimonatszeitraum anzurechnen.		
	Bei einer doppelten Haushaltsführung im Inland:		
81	An- und Abreisetage	541	Anzahl der Tage
82	Abwesenheit von 24 Stunden	542	Anzahl der Tage
83	Kürzungsbetrag wegen Mahlzeitengestellung (eigene Zuzahlungen sind ggf. gegenzurechnen)	544	EUR ,—
84	Bei einer doppelten Haushaltsführung im Ausland (Berechnung bitte in einer gesonderten Aufstellung)	543	,—
	Sonstige Aufwendungen (z. B. Kosten für den Umzug, jedoch ohne Kosten der Unterkunft)		
85		550	,—
86	Summe der Mehraufwendungen für **weitere** doppelte Haushaltsführungen (Berechnung bitte in einer gesonderten Aufstellung)	551	,—
87	**Vom Arbeitgeber / von der Agentur für Arbeit insgesamt steuerfrei ersetzt**	590	,—

4

Steuernummer, Name und Vorname
09/081/5471/1 | Tausendsassa, Horst

Werbungskosten in Sonderfällen

– Die in den Zeilen 91 bis 94 erklärten Werbungskosten dürfen nicht in den Zeilen 31 bis 87 enthalten sein –

Zeile		Kz.	EUR
	Werbungskosten zu steuerbegünstigten Versorgungsbezügen lt. Zeile 11 Art der Aufwendungen		
91		682	, —
	Werbungskosten zu steuerbegünstigten Versorgungsbezügen für mehrere Jahre lt. Zeile 16 Art der Aufwendungen		
92		659	, —
	Werbungskosten zu Entschädigungen / Arbeitslohn für mehrere Jahre lt. Zeile 17 Art der Aufwendungen		
93		660	, —
94	Werbungskosten zu steuerfreiem Arbeitslohn lt. Zeile 21 und 22 **(Übertrag** aus den Zeilen 75 und 82 der ersten Anlage N-AUS)	657	, —
	Werbungskosten zu steuerpflichtigem Arbeitslohn, von dem kein Steuerabzug vorgenommen worden ist lt. Zeile 20 und aus einer Tätigkeit als Grenzgänger lt. Zeile 25 – in den Zeilen 31 bis 87 enthalten – Art der Aufwendungen		
95		656	, —
96	Werbungskosten zu Arbeitslohn für eine Tätigkeit im Inland, wenn ein weiterer Wohnsitz in Belgien vorhanden ist – in den Zeilen 31 bis 87 enthalten –	675	, —

4

Name / Gemeinschaft / Körperschaft

1 **Tausendsassa**

Anlage V

Vorname

2 **Horst und Irene**

X zur Einkommensteuererklärung

zur Körperschaftsteuererklärung

zur Feststellungserklärung

3 **Steuernummer** 09/081/5471/1 — lfd. Nr. der Anlage 1

Einkünfte aus Vermietung und Verpachtung

(Bei ausländischen Einkünften: Anlage AUS beachten)

Einkünfte aus dem bebauten Grundstück 25

Lage des Grundstücks / der Eigentumswohnung

Straße, Hausnummer

4 **Fliederstrasse 29** — Angeschafft am 01.08.2000

Postleitzahl, Ort

5 **12345 Oberbach** — Fertig gestellt am

Einheitswert-Aktenzeichen

6 00 — 53 Veräußert / Übertragen am

Das in Zeile 4 bezeichnete Objekt wird

7 ganz oder teilweise als Ferienwohnung genutzt 61 **2** (1 = Ja, 2 = Nein) — ganz oder teilweise an Angehörige zu Wohnzwecken vermietet 62 **2** (1 = Ja, 2 = Nein)

8 Gesamt-wohn-fläche 54 m² — davon eigengenutzter oder unentgeltlich an Dritte überlassener Wohnraum 55 m² — davon als Ferienwohnung genutzter Wohnraum 56 m²

Zeile		Erdgeschoss	1. Obergeschoss	2. Obergeschoss	weitere Geschosse		EUR
9	**Mieteinnahmen für Wohnungen** (ohne Umlagen)	3.480 €	€	€	€	01	3.480,—
10	Anzahl / Wohnfläche	1 / 60,00 m²	m²	m²	m²		
11	**für andere Räume** (ohne Umlagen / Umsatzsteuer)	€	€	€	€	02	,—
12	**Einnahmen für an Angehörige vermietete Wohnungen** (ohne Umlagen)				Anzahl / Wohnfläche m²	03	,—

Umlagen, verrechnet mit Erstattungen (z. B. Wassergeld, Flur- u. Kellerbeleuchtung, Müllabfuhr, Zentralheizung usw.)

Zeile			Kz	EUR
13	auf die Zeilen 9 und 11 entfallen		04	,—
14	auf die Zeile 12 entfallen		05	,—
15	Vereinnahmte Mieten für frühere Jahre / verrechnete Mietkautionen / auf das Kalenderjahr entfallende Mietvorauszahlungen aus Baukostenzuschüssen		06	,—
16	Einnahmen aus Vermietung von Garagen, Werbeflächen, Grund und Boden für Kioske usw.		07	,—
17	Vereinnahmte Umsatzsteuer		09	,—
18	Vom Finanzamt erstattete und ggf. verrechnete Umsatzsteuer	Gesamtbetrag	10	,—
19	Öffentliche Zuschüsse nach dem Wohnraumförderungsgesetz oder zu Erhaltungsaufwendungen, Aufwendungszuschüsse, Guthabenzinsen aus Bausparverträgen und sonstige Einnahmen	€		
20	davon entfallen auf eigengenutzte oder unentgeltlich an Dritte überlassene Wohnungen lt. Zeile 8	– € ▶ =	08	,—
21	**Summe der Einnahmen**			3.480,—
22	**Summe der Werbungskosten** (Übertrag aus Zeile 50)		–	2.200,—
23	**Überschuss** (zu übertragen nach Zeile 24)		=	1.280,—

Zeile			stpfl. Person / Ehemann / Lebenspartner(in) A / Gesellschaft EUR		Ehefrau / Lebenspartner(in) B EUR
24	**Zurechnung des Betrags aus Zeile 23**	20	640,—	21	640,—

Die Eintragungen in den Zeilen 25 bis 32 sind nur in der ersten Anlage V vorzunehmen.

Anteile an Einkünften aus (Gemeinschaft, Finanzamt und Steuernummer)

Zeile			stpfl. Person / Ehemann / Lebenspartner(in) A / Gesellschaft EUR		Ehefrau / Lebenspartner(in) B EUR
25	1. Grundstücksgemeinschaft	856	,—	857	,—
26	2. Grundstücksgemeinschaft	858	,—	859	,—
27	allen weiteren Grundstücksgemeinschaften	854	,—	855	,—
28	geschlossenen Immobilienfonds	874	,—	875	,—
29	Gesellschaften / Gemeinschaften / ähnlichen Modellen i. S. d. § 15b EStG		,—		,—

4

Steuernummer, lfd. Nr. der Anlage **09/081/5471/1 | Lfd. Nr. 1** **Tausendsassa, Horst / Tausendsassa, Irene**

Andere Einkünfte

			stpfl. Person / Ehemann / Lebenspartner(in) A / Gesellschaft EUR		Ehefrau / Lebenspartner(in) B EUR
31	**Einkünfte aus Untervermietung von gemieteten Räumen** (Berechnung lt. gesonderter Aufstellung)	866	,–	867	,–
32	**Einkünfte aus Vermietung und Verpachtung unbebauter Grundstücke,** von anderem **unbeweglichen Vermögen,** von **Sachinbegriffen** sowie aus **Überlassung von Rechten** (lt. gesonderter Aufstellung)	852	,–	853	,–

Werbungskosten

aus dem bebauten Grundstück in den Zeilen 4 und 5

Nur ausfüllen, wenn die Aufwendungen für das Gebäude nur teilweise Werbungskosten sind (siehe Anleitung zu den Zeilen 33 bis 49)

		Gesamtbetrag EUR (1)	Ausgaben, die **nicht** mit Vermietungseinkünften zusammenhängen, wurden: durch direkte Zuordnung ermittelt (2)	verhältnismäßig ermittelt (3)		Abzugsfähige Werbungskosten EUR (4)
	Absetzung für Abnutzung für Gebäude (ohne Beträge in Zeile 34)			%		
33	X linear / degressiv 2,00 % / wie 2014 / X lt. ges. Erltg.				30	1.000 ,–
34	Erhöhte Absetzungen nach den §§ 7h, 7i EStG, Schutzbaugesetz / wie 2014 / lt. ges. Erltg.				31	,–
35	Absetzung für Abnutzung für bewegliche Wirtschaftsgüter / wie 2014 / lt. ges. Erltg.				60	,–
36	Schuldzinsen (ohne Tilgungsbeträge): **Darlehen Bank**				33	980 ,–
37	Geldbeschaffungskosten (z. B. Schätz-, Notar-, Grundbuchgebühren)				34	,–
38	Renten, dauernde Lasten (lt. gesonderter Einzelaufstellung)				35	,–
39	2015 voll abzuziehende Erhaltungsaufwendungen, die direkt zugeordnet werden können		X		36	,–
40	verhältnismäßig zugeordnet werden				37	,–
41	Auf bis zu 5 Jahre zu verteilende Erhaltungsaufwendungen (§§ 11a, 11b EStG, § 82b EStDV) Gesamtaufwand 2015 EUR 57 ,– davon 2015 abzuziehen				38	,–
42	zu berücksichtigender Anteil aus 2011				39	,–
43	aus 2012				40	,–
44	aus 2013				41	,–
45	aus 2014				42	,–
46	Grundsteuer, Straßenreinigung, Müllabfuhr, Wasserversorgung, Entwässerung, Hausbeleuchtung, Heizung, Warmwasser, Schornsteinreinigung, Hausversicherungen, Hauswart, Treppenreinigung, Fahrstuhl: **siehe Ergänzung zur Anlage V**				52	220 ,–
47	Verwaltungskosten				48	,–
48	Nur bei umsatzsteuerpflichtiger Vermietung: an das Finanzamt gezahlte und ggf. verrechnete Umsatzsteuer		X		58	,–
49	Sonstiges				49	,–
50	**Summe der Werbungskosten** (zu übertragen nach Zeile 22)					2.200 ,–
51	Nur bei umsatzsteuerpflichtiger Vermietung: in Zeile 50 enthaltene Vorsteuerbeträge				59	,–

Zusätzliche Angaben

		stpfl. Person / Ehemann / Lebenspartner(in) A	Ehefrau / Lebenspartner(in) B
52	2015 vereinnahmte oder bewilligte Zuschüsse aus öffentlichen Mitteln zu den Anschaffungs- / Herstellungskosten (lt. gesonderter Aufstellung)	€	€

4

Ergänzungsliste zur Anlage V

1. Anlage V: Fliederstrasse 29, 12345 Oberbach

Einzelangaben zu Zeile 46

		Abzugsfähige Werbungskosten
Grundsteuer	150	
Gesamtbetrag		150
Schornsteinreinigung	70	
Gesamtbetrag		70
Summe		**220**

4

Zeile		
1	Name: **Tausendsassa**	**Anlage R**
2	Vorname: **Horst**	**Jeder Ehegatte / Lebenspartner mit Renten und Leistungen aus Altersvorsorgeverträgen hat eine eigene Anlage R abzugeben.**
3	**Steuernummer** 09/081/5471/1	X stpfl. Person / Ehemann Lebenspartner(in) A
		Ehefrau / Lebenspartner(in) B
	Renten und andere Leistungen	7

Zeile	**Leibrenten / Leistungen**	1. Rente	2. Rente	3. Rente
4	1 = aus **inl. gesetzlichen Rentenversicherungen**; 2 = aus **inl. landwirtschaftlicher Alterskasse**; 3 = aus **inl. berufsständischen Versorgungseinrichtungen**; 4 = aus eigenen **zertifizierten Basisrentenverträgen**; 9 = aus **ausl. Versicherungen / Rentenverträgen**	100 1 Bitte 1, 2, 3, 4 oder 9 eintragen.	150 Bitte 1, 2, 3, 4 oder 9 eintragen.	200 Bitte 1, 2, 3, 4 oder 9 eintragen.
5	Rentenbetrag (einschließlich Einmalzahlung und Leistungen)	101 EUR 5.083 ,–	151 EUR ,–	201 EUR ,–
6	Rentenanpassungsbetrag (in Zeile 5 enthalten)	102 4.933 ,–	152 ,–	202 ,–
7	Beginn der Rente	103 01.07.1999	153	203
	Vorhergehende Rente:			
8	Beginn der Rente	105	155	205
9	Ende der Rente	106	156	206
10	Nachzahlungen für mehrere vorangegangene Jahre / Kapitalauszahlung (in Zeile 5 enthalten)	111 ,–	161 ,–	211 ,–
	Öffnungsklausel:			
11	Prozentsatz (lt. Bescheinigung Ihres Versorgungsträgers)	112 %	162 %	212 %
12	die Rente erlischt / wird umgewandelt spätestens am	113	163	213
13	bei Einmalzahlung: Betrag	114 ,–	164 ,–	214 ,–

Zeile	**Leibrenten** (ohne Renten lt. Zeile 4)	1. Rente	2. Rente	3. Rente
14	6 = aus **inl. privaten Rentenversicherungen**; 7 = aus **inl. privaten Rentenversicherungen** mit zeitlich **befristeter Laufzeit**; 8 = aus **sonstigen Verpflichtungsgründen** (z. B. Renten aus Veräußerungsgeschäften); 9 = aus **ausl. Versicherungen**	130 Bitte 6, 7, 8 oder 9 eintragen.	180 Bitte 6, 7, 8 oder 9 eintragen.	230 Bitte 6, 7, 8 oder 9 eintragen.
15	Rentenbetrag	131 EUR ,–	181 EUR ,–	231 EUR ,–
16	Beginn der Rente	132	182	232
17	Geburtsdatum des Erblassers bei Garantiezeitrenten	136	186	236
18	Die Rente erlischt mit dem Tod von			
19	Die Rente erlischt / wird umgewandelt spätestens am	133	183	233
20	Nachzahlungen für mehrere vorangegangene Jahre (in Zeile 15 enthalten)	134 ,–	184 ,–	234 ,–

Steuernummer **09/081/5471/1** — **Tausendsassa, Horst**

Leistungen aus Altersvorsorgeverträgen und aus der betrieblichen Altersversorgung

Zeile		1. Rente (EUR)	2. Rente (EUR)
31	Leistungen aus einem Altersvorsorgevertrag, einem Pensionsfonds, einer Pensionskasse oder aus einer Direktversicherung lt. Nummer 1 der Leistungsmitteilung	500 ,—	550 ,—
32	Leistungen aus einem Pensionsfonds lt. Nummer 2 der Leistungsmitteilung	501 ,—	551 ,—
33	Bemessungsgrundlage für den Versorgungsfreibetrag	502 ,—	552 ,—
34	Maßgebendes Kalenderjahr des Versorgungsbeginns	524	574
35	Bei unterjähriger Zahlung: Erster und letzter Monat, für den Versorgungsbezüge gezahlt wurden	522 Monat — 523 Monat	572 Monat — 573 Monat
36	Leistungen aus einer betrieblichen Altersversorgung lt. Nummer 3 der Leistungsmitteilung	505 ,—	555 ,—
37	Beginn der Leistung	506	556
38	Leibrente aus einem Altersvorsorgevertrag oder aus einer betrieblichen Altersversorgung lt. Nummer 4 oder Leistungen wegen schädlicher Verwendung lt. Nummer 8a der Leistungsmitteilung	507 ,—	557 ,—
39	Beginn der Rente	508	558
40	Geburtsdatum des Erblassers bei Rentengarantiezeit	530	580
41	Abgekürzte Leibrente aus einem Altersvorsorgevertrag oder aus einer betrieblichen Altersversorgung lt. Nummer 5 oder Leistungen wegen schädlicher Verwendung lt. Nummer 8b der Leistungsmitteilung	509 ,—	559 ,—
42	Beginn der Rente	510	560
43	Die Rente erlischt / wird umgewandelt spätestens am	511	561
44	Andere Leistungen lt. den Nummern 6, 7 und 9 oder Leistungen wegen schädlicher Verwendung lt. den Nummern 8c und 8d der Leistungsmitteilung oder der Auflösungsbetrag bei Aufgabe der Selbstnutzung oder der Reinvestitionsabsicht **vor** dem Beginn der Auszahlungsphase oder der Verminderungsbetrag lt. Bescheid der Zentralen Zulagenstelle für Altersvermögen	512 ,—	562 ,—
45	Auflösungsbetrag bei Wahl der Einmalbesteuerung des Wohnförderkontos lt. Bescheid der Zentralen Zulagenstelle für Altersvermögen	535 ,—	585 ,—
46	Auflösungsbetrag bei Aufgabe der Selbstnutzung oder der Reinvestitionsabsicht **nach** dem Beginn der Auszahlungsphase lt. Bescheid der Zentralen Zulagenstelle für Altersvermögen	536 ,—	586 ,—
47	Beginn der Auszahlungsphase	537	587
48	Zeitpunkt der Aufgabe der Selbstnutzung oder Reinvestitionsabsicht	538	588
49	Nachzahlungen für mehrere vorangegangene Jahre (lt. Nummer 10 der Leistungsmitteilung)	516 ,—	566 ,—

Werbungskosten

Zeile		EUR
50	Werbungskosten zu den Zeilen 5 und 15 (Art der Aufwendungen)	800 ,—
51	Werbungskosten zu den Zeilen 10 und 20 (Art der Aufwendungen)	801 ,—
52	Werbungskosten zu den Zeilen 31 und 44 (Art der Aufwendungen)	802 ,—
53	Werbungskosten zu Zeile 32 (Art der Aufwendungen)	803 ,—
54	Werbungskosten zu den Zeilen 36, 38 und 41 (Art der Aufwendungen)	806 ,—
55	Werbungskosten zu Zeile 45 (Art der Aufwendungen)	808 ,—
56	Werbungskosten zu Zeile 46 (Art der Aufwendungen)	809 ,—
57	Werbungskosten zu Zeile 49 (Art der Aufwendungen)	805 ,—

Steuerstundungsmodelle

Zeile		EUR
58	Einkünfte aus Gesellschaften / Gemeinschaften / ähnlichen Modellen i. S. d. § 15b EStG (lt. gesonderter Aufstellung)	,—

4

4

Zeile				
1	Name: **Tausendsassa**			**Anlage R**
2	Vorname: **Irene**			Jeder Ehegatte / Lebenspartner mit Renten und Leistungen aus Altersvorsorgeverträgen hat eine eigene Anlage R abzugeben.
3	Steuernummer **09/081/5471/1**			stpfl. Person / Ehemann Lebenspartner(in) A
				X Ehefrau / Lebenspartner(in) B
	Renten und andere Leistungen			7

Zeile	Leibrenten / Leistungen	1. Rente	2. Rente	3. Rente
4	1 = aus inl. gesetzlichen Rentenversicherungen 2 = aus inl. landwirtschaftlicher Alterskasse 3 = aus inl. berufsständischen Versorgungseinrichtungen 4 = aus eigenen zertifizierten Basisrentenverträgen 9 = aus ausl. Versicherungen / Rentenverträgen	100 **1** Bitte 1, 2, 3, 4 oder 9 eintragen.	150 Bitte 1, 2, 3, 4 oder 9 eintragen.	200 Bitte 1, 2, 3, 4 oder 9 eintragen.
5	Rentenbetrag (einschließlich Einmalzahlung und Leistungen)	101 EUR **8.400**,–	151 EUR ,–	201 EUR ,–
6	Rentenanpassungsbetrag (in Zeile 5 enthalten)	102 **45**,–	152 ,–	202 ,–
7	Beginn der Rente	103 **01.06.1999**	153	203
8	Vorhergehende Rente: Beginn der Rente	105	155	205
9	Ende der Rente	106	156	206
10	Nachzahlungen für mehrere vorangegangene Jahre / Kapitalauszahlung (in Zeile 5 enthalten)	111 ,–	161 ,–	211 ,–
	Öffnungsklausel:			
11	Prozentsatz (lt. Bescheinigung Ihres Versorgungsträgers)	112 %	162 %	212 %
12	die Rente erlischt / wird umgewandelt spätestens am	113	163	213
13	bei Einmalzahlung: Betrag	114 ,–	164 ,–	214 ,–

Zeile	Leibrenten (ohne Renten lt. Zeile 4)	1. Rente	2. Rente	3. Rente
14	6 = aus inl. privaten Rentenversicherungen 7 = aus inl. privaten Rentenversicherungen mit zeitlich befristeter Laufzeit 8 = aus sonstigen Verpflichtungsgründen (z. B. Renten aus Veräußerungsgeschäften) 9 = aus ausl. Versicherungen	130 Bitte 6, 7, 8 oder 9 eintragen.	180 Bitte 6, 7, 8 oder 9 eintragen.	230 Bitte 6, 7, 8 oder 9 eintragen.
15	Rentenbetrag	131 EUR ,–	181 EUR ,–	231 EUR ,–
16	Beginn der Rente	132	182	232
17	Geburtsdatum des Erblassers bei Garantiezeitrenten	136	186	236
18	Die Rente erlischt mit dem Tod von			
19	Die Rente erlischt / wird umgewandelt spätestens am	133	183	233
20	Nachzahlungen für mehrere vorangegangene Jahre (in Zeile 15 enthalten)	134 ,–	184 ,–	234 ,–

Steuernummer 09/081/5471/1 Tausendsassa, Irene

Leistungen aus Altersvorsorgeverträgen und aus der betrieblichen Altersversorgung

Zeile		1. Rente (EUR)		2. Rente (EUR)	
31	Leistungen aus einem Altersvorsorgevertrag, einem Pensionsfonds, einer Pensionskasse oder aus einer Direktversicherung lt. Nummer 1 der Leistungsmitteilung	500	,—	550	,—
32	Leistungen aus einem Pensionsfonds lt. Nummer 2 der Leistungsmitteilung	501	,—	551	,—
33	Bemessungsgrundlage für den Versorgungsfreibetrag	502	,—	552	,—
34	Maßgebendes Kalenderjahr des Versorgungsbeginns	524		574	
35	Bei unterjähriger Zahlung: Erster und letzter Monat, für den Versorgungsbezüge gezahlt wurden	522 Monat	— 523 Monat	572 Monat	— 573 Monat
36	Leistungen aus einer betrieblichen Altersversorgung lt. Nummer 3 der Leistungsmitteilung	505	,—	555	,—
37	Beginn der Leistung	506		556	
38	Leibrente aus einem Altersvorsorgevertrag oder aus einer betrieblichen Altersversorgung lt. Nummer 4 oder Leistungen wegen schädlicher Verwendung lt. Nummer 8a der Leistungsmitteilung	507	,—	557	,—
39	Beginn der Rente	508		558	
40	Geburtsdatum des Erblassers bei Rentengarantiezeit	530		580	
41	Abgekürzte Leibrente aus einem Altersvorsorgevertrag oder aus einer betrieblichen Altersversorgung lt. Nummer 5 oder Leistungen wegen schädlicher Verwendung lt. Nummer 8b der Leistungsmitteilung	509	,—	559	,—
42	Beginn der Rente	510		560	
43	Die Rente erlischt / wird umgewandelt spätestens am	511		561	
44	Andere Leistungen lt. den Nummern 6, 7 und 9 oder Leistungen wegen schädlicher Verwendung lt. den Nummern 8c und 8d der Leistungsmitteilung oder der Auflösungsbetrag bei Aufgabe der Selbstnutzung oder der Reinvestitionsabsicht **vor** dem Beginn der Auszahlungsphase oder der Verminderungsbetrag lt. Bescheid der Zentralen Zulagenstelle für Altersvermögen	512	,—	562	,—
45	Auflösungsbetrag bei Wahl der Einmalbesteuerung des Wohnförderkontos lt. Bescheid der Zentralen Zulagenstelle für Altersvermögen	535	,—	585	,—
46	Auflösungsbetrag bei Aufgabe der Selbstnutzung oder der Reinvestitionsabsicht **nach** dem Beginn der Auszahlungsphase lt. Bescheid der Zentralen Zulagenstelle für Altersvermögen	536	,—	586	,—
47	Beginn der Auszahlungsphase	537		587	
48	Zeitpunkt der Aufgabe der Selbstnutzung oder Reinvestitionsabsicht	538		588	
49	Nachzahlungen für mehrere vorangegangene Jahre (lt. Nummer 10 der Leistungsmitteilung)	516	,—	566	,—

Werbungskosten

Zeile			EUR
50	Werbungskosten zu den Zeilen 5 und 15 (Art der Aufwendungen)	800	,—
51	Werbungskosten zu den Zeilen 10 und 20 (Art der Aufwendungen)	801	,—
52	Werbungskosten zu den Zeilen 31 und 44 (Art der Aufwendungen)	802	,—
53	Werbungskosten zu Zeile 32 (Art der Aufwendungen)	803	,—
54	Werbungskosten zu den Zeilen 36, 38 und 41 (Art der Aufwendungen)	806	,—
55	Werbungskosten zu Zeile 45 (Art der Aufwendungen)	808	,—
56	Werbungskosten zu Zeile 46 (Art der Aufwendungen)	809	,—
57	Werbungskosten zu Zeile 49 (Art der Aufwendungen)	805	,—

Steuerstundungsmodelle

Zeile		EUR
58	Einkünfte aus Gesellschaften / Gemeinschaften / ähnlichen Modellen i. S. d. § 15b EStG (lt. gesonderter Aufstellung)	,—

4

Berechnung der Einkommensteuer, des Solidaritätszuschlags und der Kirchensteuer

Besteuerungsgrundlagen

Berechnung des zu versteuernden Einkommens

	Steuerpflichtiger	Ehefrau	Gesamt
Einkünfte aus Gewerbebetrieb			
Laufender Gewinn/Verlust	5.928	0	
Einkünfte	5.928	0	5.928
Einkünfte aus nichtselbständiger Arbeit			
Begünstigte Versorgungsbezüge	12.275	0	
- Versorgungsfreibetrag			
40,0 % von 11.768 höchstens 3.000	3.000	0	
- Zuschlag zum Versorgungsfreibetrag	900	0	
- Werbungskosten ggf.			
Pauschbetrag nach § 9a S. 1 Nr. 1b EStG	102	0	
Einkünfte aus begünstigten Versorgungsbezügen	8.273	0	
4 Einkünfte	8.273	0	8.273
Einkünfte aus Vermietung und Verpachtung	640	640	1.280
Sonstige Einkünfte nach § 22 EStG	4.906	4.120	9.026
Summe der Einkünfte	**19.747**	**4.760**	**24.507**
- Altersentlastungsbetrag	1.900	256	2.156
Gesamtbetrag der Einkünfte			**22.351**
- Höchstbetrag der Vorsorgeaufwendungen			2.240
- abzugsfähige Kirchensteuer			199
Einkommen/zu versteuerndes Einkommen			**19.912**

Berechnung der Steuer

Tarifliche Einkommensteuer lt. Splittingtarif	**458**
- Steuerermäßigung nach § 35a EStG	458
Festzusetzende Einkommensteuer	**0**

Abrechnung

Festzusetzende Einkommensteuer	0,00		
- Steuerabzug vom Lohn	2.210,00		
Einkommensteuererstattung		2.210,00	
Festzusetzender Solidaritätszuschlag	0,00		
- Steuerabzug vom Lohn	121,52		
Erstattung Solidaritätszuschlag		121,52	
Erstattung			**2.331,52**
Festzusetzende Kirchensteuer		0,00	
- Steuerabzug vom Lohn		198,86	
Kirchensteuererstattung			**198,86**
Gesamterstattung			**2.530,38**

Ermittlung der Einkünfte aus Vermietung und Verpachtung

1. Objekt: Fliederstrasse 29, 12345 Oberbach

Einnahmen-Überschuss-Rechnung

Einnahmen

Miete Erdgeschoss	3.480

Werbungskosten

Absetzung für Abnutzung nach § 7 Abs. 4 Nr. 2a EStG aus 2000 2,00 % von 50.000	1.000
Darlehen Bank	980
Grundsteuer, Müllabfuhr etc.	150
Hausversicherung etc.	70
Summe der Werbungskosten	**2.200**

Einkünfte aus der Einnahmen-Überschuss-Rechnung des Objektes **1.280**

50,00 % der Einkünfte entfallen auf den Steuerpflichtigen	640
50,00 % der Einkünfte entfallen auf die Ehefrau	640

4

Ermittlung der sonstigen Einkünfte für den Steuerpflichtigen

Wiederkehrende Bezüge/Ausgleichsleistungen/Unterhaltsleistungen/ Altersvorsorgeverträge

Leibrenten/Leistungen

1. Rente: Altersrente
aus einer gesetzlichen Rentenversicherung

12 Monate x 423,66	5.083,92			
Renteneinnahmen		5.083		
- Rentenanpassungsbetrag		4.933		
Verbleiben		150		
x Besteuerungsanteil 50 %		75		
+ Rentenanpassungsbetrag		4.933		
Steuerpflichtiger Teil der Rente			5.008	
Steuerfreier Teil der Rente	75			
Steuerpflichtige Renteneinnahmen				5.008
Einnahmen aus Renten und anderen Leistungen				5.008

Werbungskosten

Werbungskosten-Pauschbetrag nach § 9a S. 1 Nr. 3 EStG	102
Einkünfte aus wiederkehrenden Bezügen/Ausgleichsleistungen/ Unterhaltsleistungen/Altersvorsorgeverträgen	**4.906**
Summe der sonstigen Einkünfte	**4.906**

Ermittlung der sonstigen Einkünfte für die Ehefrau

Wiederkehrende Bezüge/Ausgleichsleistungen/Unterhaltsleistungen/ Altersvorsorgeverträge

Leibrenten/Leistungen

1. Rente: Altersrente
aus einer gesetzlichen Rentenversicherung

12 Monate x 700,00	8.400,00			
Renteneinnahmen		8.400		
- Rentenanpassungsbetrag		45		
Verbleiben		8.355		
x Besteuerungsanteil 50 %		4.177		
+ Rentenanpassungsbetrag		45		
Steuerpflichtiger Teil der Rente			4.222	
Steuerfreier Teil der Rente	4.178			
Steuerpflichtige Renteneinnahmen				4.222
4 Einnahmen aus Renten und anderen Leistungen				4.222

Werbungskosten

Werbungskosten-Pauschbetrag nach § 9a S. 1 Nr. 3 EStG				102
Einkünfte aus wiederkehrenden Bezügen/Ausgleichsleistungen/ Unterhaltsleistungen/Altersvorsorgeverträgen				**4.120**
Summe der sonstigen Einkünfte				**4.120**

Ermittlung der Sonderausgaben

Vorsorgeaufwendungen

Höchstbetragsberechnung nach § 10 Abs. 3 und 4 EStG

Beiträge zur Krankenversicherung (KV)				
Ehemann				
AN-Beiträge gesetzliche KV	1.007			
Beiträge (ohne AN-Beiträge)	369			
Summe		1.376		
Ehefrau				
Beiträge (ohne AN-Beiträge)		597		
Krankenversicherungsbeiträge			1.973	
Ermittlung des Kürzungsbetrags				
Ehemann				
AN-Beiträge gesetzliche KV	1.007			
KV mit Krankengeldanspruch	1.007			
- 4 % Kürzungsbetrag			40	
verbleiben			1.933	
Beiträge zur Pflegeversicherung (PV)				
Ehemann				
AN-Beiträge PV	151			
Beiträge (ohne AN-Beiträge)	44			
Summe		195		
Ehefrau				
Beiträge (ohne AN-Beiträge)		72		
Pflegeversicherungsbeiträge			267	
Summe Basisabsicherung nach § 10 Abs. 1 Nr. 3 EStG			2.200	
Summe Basisabsicherung		2.200		
4 % Kürzungsbetrag		40		
Summe der sonstigen Vorsorgeaufwendungen nach § 10 Abs. 1 Nr. 3 und 3a EStG		2.240		
davon ansetzbar (höchstens 3.800)			2.240	
Anzusetzender Höchstbetrag				**2.240**

Höchstbetragsberechnung nach § 10 Abs. 3 EStG a. F.

Summe der sonstigen Vorsorgeaufwendungen		2.240	
Vorwegabzug	3.000		
- Kürzung nach § 10 Abs. 3 Nr. 2 EStG a. F.	0		
- Vorwegabzug nach Kürzung		3.000	2.240
Verbleiben		0	
Anzusetzender Höchstbetrag			**2.240**

Günstigerprüfung nach § 10 Abs. 4a EStG

Höchstbetrag nach § 10 Abs. 3 und 4 EStG		2.240	
Höchstbetrag nach § 10 Abs. 3 EStG a. F.		2.240	
Anzusetzende Vorsorgeaufwendungen			**2.240**

Sonstige Sonderausgaben

Kircheneinkommensteuer Steuerpflichtiger	198,86		
Gezahlte Kirchensteuer		199	
Anzusetzende sonstige Sonderausgaben		**199**	
Sonderausgaben-Pauschbetrag		**72**	
Angesetzt werden			**199**
Summe der gesamt anzusetzenden Sonderausgaben			**2.439**

4

Ermittlung der Steuerermäßigung nach § 35a EStG für haushaltsnahe Beschäftigungsverhältnisse und Inanspruchnahme haushaltsnaher Dienstleistungen und Handwerkerleistungen

Ermittlung der Steuerermäßigung bei Aufwendungen für sozialversicherungspflichtige Beschäftigungen im Privathaushalt, haushaltsnahe Dienstleistungen, Hilfe im eigenen Haushalt sowie Pflege- und Betreuungsleistungen im Haushalt

Aufwendungen für haushaltsnahe Dienstleistungen, Hilfe im Haushalt	680,00	
Aufwendungen für Pflege- und Betreuungsleistungen	1.200,00	
Summe der Aufwendungen	1.880,00	
davon 20 %	376,00	
Höchstbetrag	4.000,00	
Anzusetzende Steuerermäßigung nach § 35a Abs. 2 EStG		**376**

Ermittlung der Steuerermäßigung bei Aufwendungen für Handwerkerleistungen

Aufwendungen für Handwerkerleistungen	800,00	
davon 20 %	160,00	
Höchstbetrag	1.200,00	
Anzusetzende Steuerermäßigung nach § 35a Abs. 3 EStG		**160**
Summe Steuerermäßigung nach § 35a EStG		**536**
begrenzt auf die verbleibende tarifliche Einkommensteuer nach Abzug aller anderen Steuerermäßigungen		**458**

Ermittlung der Bemessungsgrundlage

Zu versteuerndes Einkommen	19.912
darauf entfallende festzusetzende Einkommensteuer	0

Kirchensteuer bei Anwendung des Prozentsatzes

9 % Kirchensteuer aus der Bemessungsgrundlage	**0,00**
Festzusetzende Kirchensteuer	**0,00**

Einkünfte aus Renten

Grundsätze

Mit der Einführung des Alterseinkünftegesetzes zum 01.01.2005 folgte der Gesetzgeber der Aufforderung des Bundesverfassungsgerichts, die mit Urteil vom 06.02.2002 festgestellte Ungleichbehandlung bei der Besteuerung von Renten und Beamtenpensionen zu beseitigen.

Folge war die Einführung einer neuen Besteuerungssystematik für die Renteneinkünfte. Diese besteht darin, dass im Rahmen einer bis zum Jahr 2040 schrittweisen Umstellung künftig alle Alterseinkünfte einer einheitlichen nachgelagerten Besteuerung unterliegen. Demnach bleiben die während der Erwerbsphase getätigten Aufwendungen zum Erwerb von Altersversorgungsansprüchen künftig grundsätzlich steuerlich unbelastet. Demgegenüber werden die Erträge in der Auszahlungsphase unbeschränkt besteuert.

5

Wie die Steuerfreistellung der Aufwendungen während der Erwerbsphase erfolgt, entnehmen Sie bitte dem **Kapitel 12 „Vom Gesamtbetrag der Einkünfte zum Einkommen" Abschnitt „Vorsorgeaufwendungen"**.

Auch bislang waren die Einkünfte aus Renten bereits steuerpflichtig, allerdings nur mit dem sogenannten Ertragsanteil. Dies hatte zur Folge, dass die meisten Rentner aufgrund des damit verbundenen niedrigen zu versteuernden Einkommens keine Steuern zahlen mussten und demnach auch keine Steuererklärung abzugeben hatten.

Seit 2005 ist der Kreis der steuerpflichtigen Rentner und Pensionäre, die zur Einkommensteuer veranlagt werden, größer als bislang. Das ist eine unmittelbare Folge des Systemwechsels.

Wer ist betroffen?

Betroffen sind alle Renten aus:

- der gesetzlichen Rentenversicherung, wozu neben den Altersrenten auch die Renten wegen verminderter Erwerbsfähigkeit und die Renten wegen Todes (Witwen-/Witwerrenten, aber auch Erziehungsrenten) zählen

- der landwirtschaftlichen Alterskasse
- den berufsständischen Versorgungswerken (z. B. für Ärzte und Zahnärzte, Apotheker, Architekten, Rechtsanwälte, Steuerberater, Wirtschaftsprüfer)
- bestimmten privaten Leibrentenversicherungen, die sogenannte „Rürup-Rente" (Bedingung: kapitalgedeckte Vorsorge, lebenslange monatliche Auszahlung, Auszahlung frühestens ab Vollendung des 60. Lebensjahres (bei nach dem 31.12.2011 abgeschlossenen Verträgen gilt das vollendete 62. Lebensjahr), Ansprüche dürfen nicht kapitalisierbar, nicht vererbbar, nicht beleihbar, nicht übertragbar und nicht veräußerbar sein)

Der Einstieg in die neue Rentenbesteuerung wird nicht in einem Schritt vollzogen. Vielmehr wurde zur Vermeidung einer Doppelbelastung eine Übergangsfrist bis zum Jahr 2040 eingeführt. Während dieser Phase steigt der steuerpflichtige Anteil an den Renteneinkommen schrittweise von 50 Prozent im Jahr 2005 auf 100 Prozent im Jahr 2040. Dies bedeutet, dass ein Rentner, der im Jahr 2005 bereits im Ruhestand ist, 50 Prozent seiner Renten versteuern muss. Darüber hinaus wird der sich daraus für das Jahr 2005 ergebende 50-prozentige Freibetrag als „lebenslanger Freibetrag" festgeschrieben. Etwaige Rentensteigerungen werden somit voll steuerpflichtig.

Beispiel:

Der ledige Herr Schön ist seit 2003 im Ruhestand und bezieht 2005 eine jährliche Bruttorente i. H. v. 12.000 EUR. Ansonsten hat er keine Einkünfte. Von der Rente aus 2005 werden 50 %, das heißt 6.000 EUR, als lebenslanger Rentenfreibetrag festgeschrieben.

2016 bezieht er eine jährliche Bruttorente i. H. v. 13.000 EUR. Somit beträgt der steuerpflichtige Anteil der Rente 13.00 0 EUR ./. 6.000 EUR = 7.000 EUR. Da Herr Schön mit seinen Einkünften unter dem Grundfreibetrag von 8.472 EUR liegt, braucht er auch für 2016 keine Steuern zu zahlen.

Beträgt die jährliche Bruttorente in späteren Jahren z. B. 20.000 EUR, so sind 14.000 EUR (20.000 EUR ./. 6.000 EUR) steuerpflichtig. Da dieser Betrag über dem Grundfreibetrag liegt, muss Herr Schön in diesem Fall Steuern zahlen.

Wie das Beispiel zeigt, kommen Sie unter Umständen erst im Laufe der Zeit in die Steuerpflicht, nämlich dann, wenn der steuerpflichtige Teil aufgrund von Rentenerhöhungen steigt und irgendwann höher wird als die zusätzlich zum festgeschriebenen Rentenfreibetrag zustehenden Freibeträge.

Bei denjenigen, die erst im Laufe des Jahres 2016 Rentner werden, sind 70 Prozent der 2016 bezogenen Rente steuerpflichtig. Der festzuschreibende Rentenfreibetrag für die Jahre nach dem Erstbezug der Rente errechnet sich in diesen Fällen allerdings aus der vollen Jahressumme der im Folgejahr des Rentenbeginns bezogenen Bruttorente (hier: 2017).

Beispiel:

Frau Schmidt wird zum 01.09.2016 Rentnerin und bezieht 2016 eine Bruttorente für vier Monate i. H. v. 4.000 EUR. Von der Rente sind 28 %, das heißt 1.120 EUR, 2016 steuerfrei. Der steuerpflichtige Teil wird mit den bis zum 30.08.2016 bezogenen Einkünften aus nichtselbständiger Arbeit versteuert.

2017 bezieht sie eine jährliche Bruttorente i. H. v. 13.000 EUR. Der lebenslang zustehende Rentenfreibetrag für Frau Schmidt beträgt somit 3.900 EUR (30 % von 13.000 EUR).

Wie sich die Prozentsätze zur Berechnung des Rentenfreibetrages bis zum Jahr 2040 entwickeln, zeigt die nachfolgende Übersicht:

Jahr des Rentenbeginns	Besteuerungsanteil in Prozent	Jahr des Rentenbeginns	Besteuerungsanteil in Prozent
bis 2005	50	2023	83
ab 2006	52	2024	84
2007	54	2025	85
2008	56	2026	86
2009	58	2027	87
2010	60	2028	88
2011	62	2029	89

Jahr des Rentenbeginns	Besteuerungsanteil in Prozent	Jahr des Rentenbeginns	Besteuerungsanteil in Prozent
2012	64	2030	90
2013	66	2031	91
2014	68	2032	92
2015	70	2033	93
2016	72	2034	94
2017	74	2035	95
2018	76	2036	96
2019	78	2037	97
2020	80	2038	98
2021	81	2039	99
2022	82	2040	100

Da für den Prozentsatz des steuerpflichtigen und somit steuerfreien Teils der Rente der Zeitpunkt maßgebend ist, ab dem die Rente tatsächlich bewilligt wird, ist ein frühzeitiger Antrag manchmal sinnvoll. Wird beispielsweise ein Rentenantrag gar nicht erst gestellt, weil der Antragsteller zum Beispiel davon ausgeht, dass die Rente durch Anrechnungen auf 0 Euro gekürzt wird, kann das nachteilig sein. Er verzichtet dadurch unter Umständen auf eine günstigere Besteuerung in den Folgejahren. Stellt er den Antrag erst, wenn mit einem Auszahlungsbetrag gerechnet werden kann, ist es zu spät für den vollen Freibetrag.

Beispiel:

Herr Wohl hätte im Jahr 2010 aufgrund des erreichten Alters einen Antrag auf Rente stellen können. Da er weiß, dass er aufgrund von Anrechnungen keine Auszahlungen zu erwarten hat, stellt er den Antrag erst 2016, da er dann Auszahlungen erhält.

Für die Besteuerung ist dann der Rentenfreibetrag i. H. v. 28 Prozent maßgebend. Hätte er den Antrag bereits so gestellt, dass ihm die Rente dem Grunde nach ab 2010 mit der Höhe nach 0 EUR zugestanden hätte, würde der Freibetrag auch bei späterem Auszahlungsbeginn 40 Prozent betragen.

Besteuerung von Rentennachzahlungen

Die Besteuerung von Rentennachzahlungen (z. B. infolge einer Rentenfalschberechnung) richtet sich ausschließlich nach dem Zuflusszeitpunkt.

Dies bedeutet, dass auch Rentennachzahlungen, welche nach 31.12.2004 für einen Zeitraum vor 01.01.2005 gezahlt wurden, mit dem jeweiligen Besteuerungsanteil zu versteuern sind. Dies gilt unabhängig davon, ob die Nachzahlungen für einen Zeitraum vor 2005 erfolgen oder nicht.

Beispiel:

Herr Wehe bezieht mit Vollendung des 65. Lebensjahres seit Mai 2010 eine Altersrente aus der gesetzlichen Rentenversicherung i. H. v. von brutto 1.000 EUR monatlich. Im Jahr 2016 wird die Rente rückwirkend neu berechnet, da sich Herr Wehe gegen eine offensichtliche Falschberechnung gewehrt hat und Recht bekam. Herr Wehe erhält im Juli 2016 einen Nachzahlungsbetrag i. H. v. 5.400 EUR (27 Monate à 200 EUR) sowie Nachzahlungszinsen i. H. v. 200 EUR. Seit August 2016 beträgt die Bruttorente 1.200 EUR.

Unabhängig davon, dass ein Teil der Nachzahlung auf das Vorjahr entfällt, sind die Einnahmen insgesamt im Jahr 2016 zu versteuern. Das Gleiche gilt für die Nachzahlungszinsen, da es sich hier um Leistungen der gesetzlichen Rentenversicherung handelt.

Die Nachzahlungen führen zu einer Erhöhung des Jahresbetrags der Rente und demzufolge zu einer Neuberechnung des Rentenfreibetrags.

Da der Rentenbeginn im Jahr 2010 liegt, beträgt der Freibetrag 40 %, sodass 3.360 EUR der Rentennachzahlung und der Zinsen steuerpflichtig sind. Gleichzeitig kommt die Steuerermäßigung nach § 34 EStG, die sogenannte „Fünftelregelung" automatisch zur Anwendung.

Wichtig: Im vorgenannten Fall muss der Rentenfreibetrag i. H. v. 40 Prozent ebenfalls neu ermittelt werden, da die rechtmäßig zustehende Bruttorente 1.200 Euro, jährlich 14.400 Euro beträgt. Daraus ergibt sich ein Freibetrag von 40 Prozent × 14.400 Euro = 5.760 Euro.

Wie werden Folgerenten besteuert?

Unter Folgerenten sind all diejenigen Renten zu verstehen, die auf Basis der gleichen Beiträge gezahlt werden wie die vorangegangene Rente. Beispiele hierfür sind:

- Hinterbliebenenrenten, wenn der Verstorbene bereits Rentenempfänger war
- eine auf eine Erwerbsminderungsrente folgende Altersrente
- eine große Witwenrente, welche auf eine kleine Witwenrente folgt
- eine Rente wegen vollständiger Erwerbsminderung, die auf eine Rente wegen teilweiser Erwerbsminderung folgt oder umgekehrt

Im Einkommensteuergesetz wird die Behandlung von Folgerenten so geregelt, dass für die Berechnung des steuerpflichtigen Prozentsatzes die Laufzeit der bisherigen Rente vom Laufzeitbeginn der Folgerente abgezogen wird, maximal bis auf das Jahr 2005.

Beispiel:

Herr Klaus bezieht seit 2004 eine Altersrente. Da er somit im Jahr 2005 bereits Rentner war, steht ihm sein Rentenfreibetrag von 50 % der Bruttorente 2005 zu. Als Herr Klaus im Frühjahr 2010 verstirbt, erhält seine Frau eine Witwenrente. Der steuerpflichtige Anteil der Witwenrente beträgt nun ebenfalls 50 % (2010 ./. 5 Jahre Laufzeit = 2005).

Im Ergebnis ist damit in den allermeisten Fällen das Jahr des Rentenbeginns der bisherigen Rente maßgebend, da die Folgerente meist nahtlos an die vorangegangene Rente anschließt. Nur in einigen Ausnahmefällen kann es hierbei zu Abweichungen kommen.

Beispiel:

Herr Zuck bezieht von 2005 bis 2008 eine Erwerbsminderungsrente, die Rentenlaufzeit beträgt insgesamt drei Jahre. Der Rentenfreibetrag hierfür beträgt somit 50 Prozent. Ab dem Jahr 2010 erhält Herr Zuck eine Altersrente.

Da beide Renten auf Basis der gleichen Beiträge gezahlt werden, beträgt der steuerpflichtige Anteil 54 Prozent (Beginn der Folgerente 2010 ./. 3 Jahre = 2007).

Rentenanpassungen

Da sich der Prozentsatz des Rentenfreibetrages nach dem Jahr des Rentenbeginns richtet und der absolute Freibetrag festgeschrieben wird, führen gesetzliche Erhöhungen nicht zu einer Erhöhung des Freibetrages. Damit das Finanzamt dies erkennen kann, muss der Anpassungsbetrag in Zeile 6 der Anlage R eingetragen werden (vgl. Musterfall).

Das nachfolgende Beispiel (Rentenbeginn vor 2005) verdeutlicht die Berechnung:

Beispiel:

Rente aus der gesetzlichen	6 × 333,86 EUR = 2.003,16 EUR
Rentenversicherung	6 × 335,65 EUR = 2.013,90 EUR
Renteneinnahmen	4.017,06 EUR
Abzüglich Rentenanpassung (6 × 1,79 EUR)	10,00 EUR
Verbleiben	4.007,00 EUR
× Besteuerungsanteil 50 % =	2.003,00 EUR
+ Rentenanpassungsbetrag	10,00 EUR
Steuerpflichtiger Teil der Rente	2.013,00 EUR

Wie werden die sonstigen Renten besteuert?

Unter sonstigen Renten sind all diejenigen zu verstehen, die nicht gezahlt werden aus:

- der gesetzlichen Rentenversicherung
- der landwirtschaftlichen Alterskasse
- den berufsständischen Versorgungswerken
- bestimmten privaten Leibrentenversicherungen

Hierunter fallen vor allem private Leibrentenversicherungen, welche die Bedingungen der sogenannten „Rürup-Rente“ nicht erfüllen (Bedingungen für Rürup-Rente: kapitalgedeckte Vorsorge, lebenslange monatliche Auszahlung, Auszahlung frühestens ab Vollendung des 60./62. Lebensjahres, Ansprüche dürfen nicht kapitalisierbar, nicht vererbbar, nicht beleihbar, nicht übertragbar und nicht veräußerbar sein).

Als typischer Fall kann eine private Leibrentenversicherung auf Basis eines Lebensversicherungsvertrages bezeichnet werden, welche mit einem Kapitalwahlrecht versehen ist. Der Versicherte hat also das Recht zu wählen, ob er einen Einmalbetrag ausgezahlt haben möchte oder aber eine lebenslange oder je nach Vertragsgestaltung zeitlich befristete Rente erhält. Da die gezahlten Beiträge in der Erwerbsphase nicht steuerfrei gestellt sind, erfolgt bei Auszahlung des Vertrages als Rente die Besteuerung mit dem sogenannten Ertragsanteil. Die Höhe des Ertragsanteils ist der nachfolgenden Tabelle zu entnehmen: 5

Bei Beginn der Rente vollendetes Lebensjahr des Rentenberechtigten	Ertragsanteil in Prozent	Bei Beginn der Rente vollendetes Lebensjahr des Rentenberechtigten	Ertragsanteil in Prozent
0 bis 1	59	51 bis 52	29
2 bis 3	58	53	28
4 bis 5	57	54	27
6 bis 8	56	55 bis 56	26
9 bis 10	55	57	25
11 bis 12	54	58	24
13 bis 14	53	59	23
15 bis 16	52	60 bis 61	22
17 bis 18	51	62	21
19 bis 20	50	63	20
21 bis 22	49	64	19

Bei Beginn der Rente vollendetes Lebensjahr des Rentenberechtigten	Ertragsanteil in Prozent	Bei Beginn der Rente vollendetes Lebensjahr des Rentenberechtigten	Ertragsanteil in Prozent
23 bis 24	48	65 bis 66	18
25 bis 26	47	67	17
27	46	68	16
28 bis 29	45	69 bis 70	15
30 bis 31	44	71	14
32	43	72 bis 73	13
33 bis 34	42	74	12
35	41	75	11
36 bis 37	40	76 bis 77	10
38	39	78 bis 79	9
39 bis 40	38	80	8
41	37	81 bis 82	7
42	36	83 bis 84	6
43 bis 44	35	85 bis 87	5
45	34	88 bis 91	4
46 bis 47	33	92 bis 93	3
48	32	94 bis 96	2
49	31	ab 97	1
50	30		

Beispiel:

Herr Röll bezieht seit Vollendung seines 65. Lebensjahres neben seiner gesetzlichen Rente eine lebenslange monatliche Rente i. H. v. 500 EUR, welche von einer privaten Lebensversicherungsgesellschaft gezahlt wird. Da die private Rentenversicherung bereits vor 30 Jahren abgeschlossen wurde, erfüllt sie nicht die Bedingungen der sogenannten „Rürup-Rente".

Während sich die Besteuerung der gesetzlichen Rente für Herrn Röll nach den oben dargestellten Grundsätzen der Neuregelung seit 2005 errechnet, wird die private Rente mit dem Ertragsanteil besteuert. Da Herr Röll bei Beginn der Rentenzahlungen das 65. Lebensjahr vollendet hat, beträgt der Ertragsanteil 18 %. Bei einer Jahresrente von 12 × 500 EUR = 6.000 EUR sind hiervon somit 18 % = 1.080 EUR zu versteuern.

Die Besteuerung nach dem Ertragsanteil gilt auf Antrag auch für den Teil einer Rente und andere Leistungen, soweit diese auf bis zum 31.12.2004 geleisteten Beiträgen beruhen, welche oberhalb des Betrags des Höchstbeitrags zur gesetzlichen Rentenversicherung gezahlt wurden. In diesem Fall müssen Sie nachweisen, dass der Betrag des Höchstbeitrags mindestens zehn Jahre überschritten wurde. Während der Anteil an der Rente, welcher auf den Beiträgen oberhalb des Höchstbetrages beruht, nach dem Ertragsanteil besteuert wird, unterliegt der verbleibende Anteil nach den Grundsätzen der Neuregelung der Besteuerung. In der Regel dürfte das nur für Leistungen aus berufsständischen Versorgungseinrichtungen gelten.

Wohnsitz im Ausland

Eine Vielzahl von Rentenempfängern lebt im Ausland und ist somit in Deutschland nicht mehr unbeschränkt steuerpflichtig. Nach bisherigem Recht waren die Renten, wenn in Deutschland weder ein Wohnsitz noch ein gewöhnlicher Aufenthalt von mehr als 183 Tagen pro Jahr bestand, nicht mehr steuerpflichtig. Um durch die geänderte Rechtslage die nachgelagerte Besteuerung auch in diesen Fällen zu ermöglichen, löst der Rentenbezug die beschränkte Steuerpflicht aus. Demnach sind die Renten dann in Deutschland steuerpflichtig, wenn mit dem Wohnsitzstaat entweder kein Doppelbesteuerungsabkommen (DBA) besteht oder aber das DBA das Besteuerungsrecht Deutschland zuweist. Wer das Rentnerdasein im Ausland genießt, sollte prüfen, ob ein Doppelbesteuerungsabkommen vorhanden ist und falls ja, wem das Besteuerungsrecht zusteht.

Zuständig für die Auslandsrentenbesteuerung ist seit 01.01.2009 das Finanzamt Neubrandenburg.

Was Sie als Rentner noch wissen sollten

Damit die Besteuerung der Renten sichergestellt ist, wurde ein Meldeverfahren eingerichtet. Demnach sind all diejenigen Stellen, welche für die Auszahlung der Altersbezüge verantwortlich sind, verpflichtet, Rentenbezugsmitteilungen bis zum 01.03. eines Jahres mit folgenden Daten bezüglich der im Vorjahr zugeflossenen Renten zu übermitteln:

- Identifikationsnummer, Familienname, Vorname, Geburtsdatum und Geburtsort
- Betrag der Rente und andere Leistungen
- Zeitpunkt und Ende des jeweiligen Leistungsbezuges
- Laufzeit einer vorangegangenen Rente bei Folgerenten
- Bezeichnung und Anschrift des Meldepflichtigen

Der Rentenempfänger wird darüber unterrichtet, dass die Rentenbezugsmitteilung übermittelt wurde. Dies kann z. B. im Rentenbescheid, in einer Anpassungsmitteilung oder gesondert erfolgen.

Dies hat zur Konsequenz, dass erst ab dem Zeitpunkt, ab dem die Finanzämter Kenntnis über die Rentenbezüge erhalten, Aufforderungen zur Abgabe von Einkommensteuererklärungen ab 2005 ergehen.

Da das Finanzamt aus den eingegangenen Rentenbezugsmitteilungen erkennen kann, dass bestimmte Personen aufgrund der Rentenhöhe bereits früher eine Einkommensteuererklärung hätten abgeben müssen als für 2005, dies aber nicht getan haben, besteht die berechtigte Sorge, dass vor allem dann, wenn noch andere Einkünfte vorliegen, ein Verfahren wegen Steuerhinterziehung oder leichtfertiger Steuerverkürzung anhängig werden könnte. Sie sollten prüfen, ob dies für Sie von Bedeutung sein kann, und eventuell von der strafbefreienden Selbstanzeige Gebrauch machen. Lesen Sie hierzu auch den Abschnitt „Steuerhinterziehung" im Kapitel „Tipps und Informationen".

Einkünfte aus nichtselbstständiger Arbeit und Versorgungsbezügen

Grundsätze

Nicht nur pensionierte Beamte, sondern auch ehemalige Arbeitnehmer bekommen in manchen Fällen sogenannte Versorgungsbezüge. Diese zählen zu den Einkünften aus nichtselbstständiger Arbeit. Das klingt zwar für jemanden, der nicht mehr arbeitet, merkwürdig, hängt aber mit der steuerlichen Zuordnung zusammen.

Ausgangspunkt für die Ermittlung der Einkünfte aus nichtselbstständiger Arbeit ist der Bruttolohn eines Kalenderjahres. Diesen Betrag entnehmen Sie Ihrer Lohnsteuerbescheinigung, die Sie von der Besoldungsstelle zu Beginn eines Jahres für das vorangegangene Jahr erhalten haben. Sollten Sie erst im Laufe des betreffenden Kalenderjahres pensioniert worden sein, so enthält die bescheinigte Bruttolohnsumme laufende Dienstbezüge und Versorgungsbezüge. Die in der Bruttolohnsumme enthaltenen Versorgungsbezüge werden jedoch auf der Lohnsteuerbescheinigung nochmals gesondert ausgewiesen, was für die Berechnung des Versorgungsfreibetrages wichtig ist. Außerdem bescheinigt das Finanzamt auf Antrag die Bemessungsgrundlage für den Versorgungsfreibetrag.

Wichtig: Können bei Arbeitnehmern keine höheren Werbungskosten als der Pauschbetrag i. H. v. 1.000 Euro nachgewiesen werden, so ergeben sich die Einkünfte aus nichtselbstständiger Arbeit auf der Berechnung Bruttolohn ./. 1.000 Euro. Bei Empfängern von Versorgungsbezügen ist als Besonderheit zur Ermittlung der Einkünfte aus nichtselbstständiger Arbeit der Versorgungsfreibetrag (vgl. nachfolgend) sowie der geminderte Werbungskostenpauschbetrag (vgl. **Abschnitt „Werbungskosten"**) i. H. v. 102 Euro zu berücksichtigen.

Versorgungsfreibetrag

Der Versorgungsfreibetrag beträgt für Versorgungsbezüge, welche bis einschließlich 2005 erstmals gezahlt werden, 40 Prozent der Versorgungsbezüge, höchstens jedoch 3.000 Euro. Daneben wird ein Zuschlag zum Versorgungsfreibetrag i. H. v. 900 Euro gewährt. Bemessungsgrundlage für den Versorgungsfreibetrag ist

- bei Versorgungsbeginn vor 2005 das Zwölffache des Versorgungsbezugs für Januar 2005
- bei Versorgungsbeginn ab 2005 das Zwölffache des Versorgungsbezugs für den ersten vollen Monat

jeweils zuzüglich voraussichtlicher Sonderzahlungen im Kalenderjahr, auf die zu diesem Zeitpunkt ein Rentenanspruch besteht.

Beispiel:

Der im Jahr 2004 pensionierte Beamte Erhard Fleißig bezieht 2013 Versorgungsbezüge i. H. v. 24.500 EUR jährlich. Im Januar 2005 betrug der Versorgungsbezug 25.200 EUR jährlich. Der Versorgungsfreibetrag beträgt somit 40 % × 25.200 EUR (= 12 × 2.100 EUR) = 10.080 EUR, maximal jedoch 3.000 EUR zuzüglich Zuschlag i. H. v. 900 EUR. Die Einkünfte aus nichtselbstständiger Arbeit betragen daher: 24.500 EUR ./. 3.0 00 EUR ./. 900 EUR ./. 102 EUR (Werbungskostenpauschbetrag) = 20.498 EUR.

Im Rahmen des Systemwechsels bei der Besteuerung von Alterseinkünften hin zur sogenannten „nachgelagerten Besteuerung“ wird der Versorgungsfreibetrag wie auch der Zuschlag bis zum Jahr 2040 sukzessive auf null abgeschmolzen. Je später der Versorgungsbezug beginnt, desto niedriger ist der Versorgungsfreibetrag und desto höher ist das zu versteuernde Einkommen. Die nachfolgende Tabelle zeigt auf, wie sich die Beträge entwickeln:

6

Versorgungsfreibetrag			Zuschlag zum Versorgungsfreibetrag in EUR
Jahr des Versorgungsbeginns	**in % der Versorgungsbezüge**	**Höchstbetrag in EUR**	
bis 2005	40,0	3.000	900
ab 2006	38,4	2.880	864
2007	36,8	2.760	828
2008	35,2	2.640	792
2009	33,6	2.520	756
2010	32,0	2.400	720
2011	30,4	2.280	684
2012	28,8	2.160	648

Versorgungsfreibetrag			Zuschlag zum Versorgungsfreibetrag in EUR
Jahr des Versorgungsbeginns	in % der Versorgungsbezüge	Höchstbetrag in EUR	
2013	27,2	2.040	612
2014	25,6	1.920	576
2015	24,0	1.800	540
2016	22,4	1.680	504
2017	20,8	1.560	468
2018	19,2	1.440	432
2019	17,6	1.320	396
2020	16,0	1.200	360
2021	15,2	1.140	342
2022	14,4	1.080	324
2023	13,6	1 020	306
2024	12,8	960	288
2025	12,0	900	270
2026	11,2	840	252
2027	10,4	780	234
2028	9,6	720	216
2029	8,8	660	198
2030	8,0	600	180
2031	7,2	540	162
2032	6,4	480	144
2033	5,6	420	126
2034	4,8	360	108
2035	4,0	300	90
2036	3,2	240	72
2037	2,4	180	54
2038	1,6	120	36
2039	0,8	60	18
2040	0,0	0	0

Der Versorgungsfreibetrag richtet sich nach dem Zwölffachen des Bezugs des Monats Januar bzw. des Monats des ersten Bezugs. Das hat wiederum zur Konsequenz, dass bei steigenden Pensionen die Bemessungsgrenze nicht mit steigt. Gerade bei kleineren Pensionen, bei denen die Begrenzung nicht greift, fällt somit der Versorgungsfreibetrag etwas niedriger aus.

Liegen mehrere Versorgungsbezüge vor, ist für die Bemessung des insgesamt zu gewährenden Versorgungsfreibetrages der Beginn des ersten Versorgungsbezuges maßgebend.

Beispiel:

Frau Mausch bezieht seit 2004 eine Betriebsrente i. H. v. 2.400 EUR und ab 2010 eine weitere Betriebsrente i. H. v. 9.000 EUR. Die Berechnung erfolgt in einem ersten Schritt getrennt:

1. Betriebsrente mit Beginn 2004:	
40 % × 2.400 EUR =	960 EUR
2. Betriebsrente mit Beginn 2010:	
32 % × 9.000 EUR =	2.880 EUR
Summe	3.840 EUR

Da für den Höchstbetrag das Bezugsjahr der ersten Betriebsrente gilt, beträgt der Versorgungsfreibetrag im Beispielsfall 3.000 EUR zuzüglich Zuschlag i. H. v. 900 EUR.

Bei Hinterbliebenenbezügen, welche einem Versorgungsbezug folgen, ist der Versorgungsbeginn des Verstorbenen maßgeblich. Dies gilt auch dann, wenn sich die Hinterbliebenenbezüge nicht nahtlos an den Versorgungsbezug des Verstorbenen anschließen.

Der auf die Dauer des Versorgungsbezuges nach den beschriebenen Regelungen festgeschriebene Versorgungsfreibetrag zuzüglich Zuschlag wird grundsätzlich nicht verändert. Folglich haben regelmäßige Anpassungen der Versorgungsbezüge keine Auswirkungen auf den Freibetrag. Er wird nur dann neu berechnet, wenn sich die Versorgungsbezüge wegen Anwendung von Anrechnungs-, Ruhens-, Erhöhungs- oder Kürzungsregelungen erhöhen oder vermindern. In diesen Fällen ist die Bemessungsgrundlage wie zu Beginn der Versorgung neu zu berechnen.

Beispiel:

Frau Adams bezieht seit 2004 eine Hinterbliebenenversorgung ihres verstorbenen Ehemannes, der Beamter und seit 1992 pensioniert war. Die Hinterbliebenenversorgung beträgt 500 EUR monatlich, ein Anspruch auf Sonderzahlungen besteht nicht. Die Berechnung des Versorgungsfreibetrages für das Jahr 2005 und die folgenden Jahre ergibt: 40 % × 6.000 EUR (= 12 × 500 EUR) = 2.400 EUR zzgl. Zuschlag i. H. v. 900 EUR

Seit Juni 2010 hat sich der Versorgungsbezug auf 700 EUR monatlich erhöht. Die Berechnung des Versorgungsfreibetrages für das Jahr 2010 und die folgenden Jahre ergibt somit: 40 % × 8.400 EUR (= 12 × 700 EUR) = 3.360 EUR, höchstens 3.000 EUR, zzgl. Zuschlag i. H. v. 900 EUR

Werbungskosten

Sind die Werbungskosten bei Arbeitnehmern höher als der Pauschbetrag von 1.000 Euro bzw. bei Versorgungsempfängern höher als der Pauschbetrag von 102 Euro, so sind die gesamten, und nicht nur die den Betrag von 1.000 Euro/102 Euro übersteigenden Werbungskosten nachzuweisen. Den Pauschbetrag erhalten Sie für das volle Jahr auch, wenn Sie die Zeile „Werbungskosten" nicht ausfüllen und wenn die Rente erst im Laufe des Jahres beginnt.

Definition: Werbungskosten Das Einkommensteuergesetz definiert Werbungskosten als Aufwendungen zur Erwerbung, Sicherung und Erhaltung der Einnahmen, in Ihrem Fall des Arbeitslohnes oder der Versorgungsbezüge. Werbungskosten liegen folglich dann vor, wenn Kosten entstanden sind, die objektiv mit der Erzielung der entsprechenden Einnahmen in Zusammenhang stehen und subjektiv geeignet sind, die Einnahmenerzielung zu fördern. Ob die Aufwendungen tatsächlich den gewünschten Erfolg herbeigeführt haben, ist unerheblich.

Versorgungsempfänger haben allerdings nur selten Werbungskosten, die über den Pauschbetrag hinausgehen. Prüfen Sie dennoch anhand der nachfolgenden Aufstellung, ob höhere Werbungskosten, z. B. für Fahrten zur Besoldungsstelle zur Klärung von Abrechnungsmodalitäten, angesetzt werden können.

Zu beachten ist, dass die Höhe der Werbungskosten nach oben hin nicht begrenzt ist. Allerdings wird der Abzug versagt, wenn die angesetzten Beträge unangemessen hoch sind. Wann dies der Fall ist, richtet sich nach der „allgemeinen Verkehrsauffassung".

Von den Werbungskosten abzugrenzen sind die Kosten der allgemeinen Lebensführung. Die sind steuerlich unbeachtlich. Die für Berufstätige grundsätzlich relevanten Werbungskosten sind die Aufwendungen für:

- Arbeitsmittel
- Arbeitszimmer
- Beiträge zu Berufsverbänden
- Berufliche Auswärtstätigkeiten (vorher Dienstreisen)
- Berufskleidung
- Bewerbungskosten
- Doppelte Haushaltsführung
- Ehrenamt
- Fachliteratur
- Fahrten zwischen Wohnung und Arbeitsstätte
- Kontoführungsgebühr
- Prozesskosten
- Schadensersatz
- Telefonkosten
- Umzugskosten
- Unfallkosten
- Versicherungen

Hinweis: Der „normale" Rentner kann in der Regel keine über den Werbungskostenpauschbetrag von 102 Euro hinausgehenden Kosten geltend machen, zumal er in der Regel keine Kosten aufwenden muss, um seine Rente zu bekommen.

Einkünfte bei einer Nebentätigkeit

Grundsätze

Zahlreiche Ruheständler üben eine nebenberufliche Tätigkeit aus. Dabei kommt sowohl eine Tätigkeit als Arbeitnehmer, das heißt nichtselbstständig, als auch als Selbstständiger in Betracht. Für die steuerliche Behandlung ist dies von wesentlicher Bedeutung.

Für eine Tätigkeit als Arbeitnehmer sprechen die Merkmale Weisungsgebundenheit hinsichtlich Ort, Zeit und Inhalt der Tätigkeit, feste Arbeitszeit, Eingliederung in die betriebliche Organisation, überwiegend erfolgsunabhängige Bezüge, Lohnfortzahlung im Krankheitsfall, Anspruch auf Urlaub, Schulden der Arbeitskraft, nicht eines Arbeitserfolgs, fehlendes Unternehmerrisiko.

Für eine selbstständige Tätigkeit sprechen die Merkmale einer zeitlich nur kurzen Berührung mit dem Betrieb, Zeit, Ort und Umfang der Tätigkeit können vom Beauftragten im Wesentlichen selbst bestimmt werden, Anstellung selbst bezahlter Mitarbeiter, die geschuldete Tätigkeit kann delegiert werden, eigenes Unternehmerrisiko.

Die nichtselbstständige Nebentätigkeit

Bei Ausübung einer nichtselbstständigen Nebentätigkeit ist zu unterscheiden, ob es sich um eine geringfügige Beschäftigung mit Lohnsteuerpauschalierung handelt oder um eine Nebentätigkeit, die auf Lohnsteuerkarte abgerechnet wird.

Geringfügige Beschäftigung

Eine geringfügige Beschäftigung liegt vor, wenn das Arbeitsentgelt aus der Tätigkeit regelmäßig nicht mehr als 450 Euro pro Monat beträgt.

In diesem Fall zahlt der Arbeitgeber pauschale Abgaben an die Bundesknappschaft/Minijob-Zentrale in Essen. Die Pauschale beträgt

- bei einer „normalen" geringfügigen Beschäftigung (z. B. in einem Unternehmen) 30 Prozent: Davon entfallen 15 Prozent auf die gesetzliche Rentenversicherung, 13 Prozent auf die gesetzliche Krankenversicherung und 2 Prozent auf die einheitliche Pauschalsteuer, die neben der Lohnsteuer auch den Solidaritätszuschlag und die Kirchensteuer umfasst.

- bei einer geringfügigen Beschäftigung in einem Privathaushalt 12 Prozent: Davon entfallen auf die gesetzliche Rentenversicherung 5 Prozent, auf die gesetzliche Krankenversicherung 5 Prozent und 2 Prozent auf die einheitliche Pauschalsteuer.

Praxis-Tipp:

Der Pauschbetrag zur Krankenversicherung entfällt, wenn die geringfügig beschäftigte Person nicht gesetzlich krankenversichert ist. Da dies bei Beamten der Fall ist, sind die Personalkosten für den Arbeitgeber hier somit niedriger als bei Beschäftigung von gesetzlich krankenversicherten Personen.

Aufgrund der Pauschalbesteuerung ist die Steuer bereits abgegolten. Sie müssen somit beim Arbeitgeber weder Ihre Lohnsteuermerkmale melden noch die Einnahmen in der Einkommensteuererklärung angeben. Die Einnahmen sind für Sie steuerfrei.

Praxis-Tipp:

Grundsätzlich werden beim Vorliegen mehrerer geringfügiger Beschäftigungen diese zusammengerechnet. Übersteigt die Summe der Einnahmen 450 Euro pro Monat, entsteht grundsätzlich eine „normale" Steuer- und Sozialversicherungspflicht. Unabhängig davon, wie viele geringfügige Beschäftigungen Sie ausüben, bleibt eine geringfügige Tätigkeit anrechnungsfrei.

Sie dürfen also in einem Beschäftigungsverhältnis bis zu 450 Euro monatlich steuerfrei hinzuverdienen. Jede weitere geringfügige Beschäftigung ist dann steuer- und sozialversicherungspflichtig.

Nebentätigkeit mit Lohnsteuerabzug

Wenn Sie eine Nebentätigkeit in nichtselbstständiger Form ausüben und Ihr Arbeitslohn die 450-Euro-Grenze überschreitet, werden die Einnahmen von Ihrem Arbeitgeber im Rahmen der Steuerklasse VI abgerechnet.

Wichtig: Letztmalig wurde die Lohnsteuerkarte von der örtlichen Gemeinde- oder Stadtverwaltung für 2010 ausgestellt. Seit 2011 gilt diese Lohnsteuerkarte weiter. Falls keine Lohnsteuerkarte vorhanden ist, stellt das Finanzamt eine sogenannte Ersatzbescheinigung über die Lohnsteuerabzugsmerkmale aus. Sollten Sie also keine Karte besitzen und eine benötigen, ist der Weg zum Finanzamt unumgänglich.

Die einbehaltene Lohnsteuer wird im Rahmen der Veranlagung zur Einkommensteuer angerechnet. Da bei einer Besteuerung der laufenden Einnahmen nach Steuerklasse VI in der Regel hohe Lohnsteuerbeträge einbehalten werden, führt dies häufig zu erheblichen Erstattungen.

Das hängt unter anderem damit zusammen, dass bei folgenden Nebentätigkeiten ein Betrag von 2.400 Euro pro Jahr steuerfrei bleibt:

- Übungsleiter, Ausbilder, Erzieher und Betreuer (Trainer, Sport- und Jugendwart, Mannschaftsbetreuer, Skilehrer, Kinderbetreuer, Jugendleiter, Schulweghelfer, Busbegleiter, Ferienbetreuer, Arzt im Behindertensport, Chorleiter, Orchesterdirigent, Vortrags- und Lehrtätigkeiten in der Berufsbildung, Ausbildungstätigkeiten für Vereine und Verbände etc.)
- Pfleger alter, kranker oder behinderter Menschen
- Künstler (Kirchenmusiker, Darsteller am Theater, Pianist in Pflegeheimen etc.)

Der Freibetrag wird allerdings nur gewährt, wenn folgende Bedingungen erfüllt sind:

- es sich entsprechend der vorstehenden Aufzählung um eine begünstigte Tätigkeit im Rahmen der Ausbildung, Erziehung, Betreuung, Kunst oder Pflege handelt.
- die Tätigkeit nebenberuflich ausgeübt wird.
- die Tätigkeit im Dienst oder Auftrag einer öffentlich-rechtlichen oder gemeinnützigen Körperschaft (z. B. Sportverein, Musikverein) ausgeübt wird.

- die Tätigkeit der Förderung gemeinnütziger, mildtätiger oder kirchlicher Zwecke dient.

Praxis-Tipp:

Der Freibetrag wird auch gewährt, wenn die begünstigte Tätigkeit im Rahmen einer geringfügigen Beschäftigung ausgeübt wird.

Dies führt dazu, dass pro Monat 450 EUR + 200 EUR (2.400 EUR/12 Monate) = 650 EUR steuerfrei vereinnahmt werden können.

Sollten die tatsächlichen Werbungskosten, welche mit den begünstigten Einnahmen verbunden sind, höher als der Freibetrag von 2.400 Euro sein, so sind nur die den Freibetrag übersteigenden Werbungskosten zusätzlich absetzbar. Sollte jedoch die Summe der Werbungskosten aus dem Hauptberuf und die den Freibetrag übersteigenden Werbungskosten insgesamt unter dem Arbeitnehmerpauschbetrag von 1.000 Euro bleiben, ist nur der Arbeitnehmerpauschbetrag abzugsfähig.

Betragen die Einkünfte (= Einnahmen ./. Werbungskosten) aus der nebenberuflichen Tätigkeit jährlich weniger als 450 Euro, so ist auch dieser Betrag steuerfrei, sofern keine weiteren Einkünfte aus anderen Einkunftsarten erzielt werden. Eine Erklärungspflicht im Rahmen der Einkommensteuererklärung besteht allerdings dennoch.

Mit Wirkung vom 01.01.2007 ist eine weitere Steuerbefreiung, der sogenannte „Ehrenamtsfreibetrag", eingeführt worden. Dieser steht Ihnen zu, wenn Sie eine ehrenamtliche Tätigkeit für eine öffentlich-rechtliche oder für eine gemeinnützige Körperschaft gegen Entgelt ausüben. In diesen Fällen sind diese Einnahmen bis zur Höhe von 720 Euro pro Jahr steuerfrei.

Die selbstständige Nebentätigkeit

Wird die Nebentätigkeit selbstständig ausgeübt, unterliegt der Gewinn hieraus entweder als Einkünfte aus Gewerbebetrieb oder freiberuflicher Tätigkeit der Einkommensbesteuerung. Eine weitere mögliche Einkunftsart ist diejenige aus Land- und Forstwirtschaft. Diese ist besonderen Regelungen unterworfen und wird hier nicht behandelt.

Während beispielsweise Tätigkeiten im Handel oder als Versicherungsmakler gewerbliche Tätigkeiten darstellen, werden wissenschaftliche, künstlerische, schriftstellerische, unterrichtende oder erzieherische Tätigkeiten als freiberufliche Tätigkeiten qualifiziert. Im einen Fall werden Einkünfte aus Gewerbebetrieb, im anderen solche aus selbstständiger Arbeit bezogen.

Die Unterscheidung hat bei Ausübung einer selbstständigen Tätigkeit im Rahmen eines Nebenerwerbs normalerweise keine Auswirkungen für Sie. Nur wenn der Umfang der Tätigkeit erheblich wird und die Gewinne eine Höhe jenseits der 20.000 Euro erreichen, kann es aufgrund einer möglichen Gewerbesteuerpflicht zu Unterschieden kommen.

Praxis-Tipp:

Die Gewinnermittlungsvorschriften bei den sogenannten „Gewinneinkünften" sind sehr komplex. Im Rahmen dieser Darstellung ist es unmöglich, hierüber einen allumfassenden Überblick zu geben. Die Ausführungen sind jedoch sehr gut geeignet, bei selbstständigen Nebentätigkeiten von relativ geringem Umfang zur Erstellung der Gewinnermittlung herangezogen zu werden. Sollte Ihr Unternehmen allerdings wachsen, so ist es sinnvoll, weiterführende Literatur zu studieren und die professionelle Hilfe eines Steuerberaters in Anspruch zu nehmen.

Zur Ermittlung des steuerpflichtigen Gewinns wird eine sogenannte „Einnahmen-Überschussrechnung" erstellt. Vereinfacht ausgedrückt, werden die Einnahmen den Betriebsausgaben nach dem Prinzip Zufluss und Abfluss gegenübergestellt. Dies bedeutet, dass nur diejenigen Einnahmen und Ausgaben in der Einnahmen-Überschussrechnung erfasst werden, die im betreffenden Kalenderjahr zu- bzw. abgeflossen sind. Betriebsausgaben sind dabei alle betrieblich veranlassten Aufwendungen. Bei den Einkünften aus nichtselbstständiger Arbeit entsprechen die Werbungskosten den

Betriebsausgaben, sodass Sie sich dort orientieren können, was abzugsfähig ist und was nicht.

Besteht die selbstständig ausgeübte Nebentätigkeit aus einer begünstigten Übungsleitertätigkeit, ist die Erstellung der Einnahmen-Überschussrechnung relativ einfach. In diesem Fall wird von der Summe der Einnahmen der Freibetrag i. H. v. 2.400 Euro abgezogen, sofern die tatsächlichen Betriebsausgaben nicht höher sind als der Freibetrag.

Praxis-Tipp:

Um die Einkunftsermittlung bei selbstständig ausgeübten Nebentätigkeiten zu vereinfachen, lässt die Finanzverwaltung für bestimmte Tätigkeiten den Abzug pauschaler Betriebsausgaben zu, ohne dass die tatsächlichen Betriebsausgaben nachgewiesen werden müssen. Am wichtigsten ist die Betriebsausgaben-Pauschale für wissenschaftliche, künstlerische oder schriftstellerische Nebentätigkeiten. Dazu zählen auch Vortrags- oder nebenberufliche Lehr- und Prüfungstätigkeiten.Bei diesen Nebentätigkeiten dürfen 25 Prozent der Betriebseinnahmen, höchstens jedoch 614 Euro, jährlich als pauschale Betriebsausgaben abgezogen werden.

Der Höchstbetrag von 614 Euro kann für alle begünstigten Nebentätigkeiten zusammen nur einmal gewährt werden. Wenn Sie für Ihre Nebentätigkeit bereits den Freibetrag i. H. v. 2 400 Euro in Anspruch nehmen, ist der pauschale Betriebsausgabenabzug nicht mehr möglich.

In allen anderen Fällen sind die Betriebsausgaben nach Kostenarten aufzuführen und den Einnahmen gegenüberzustellen. Das Ergebnis ist der Gewinn oder der Verlust, der in die Anlage G (gewerbliche Tätigkeit) bzw. S (freiberufliche Tätigkeit) einzutragen ist.

Eine einfache Einnahmen-Überschussrechnung einer nebenberuflich als Versicherungsmakler tätigen Person könnte folgendes Aussehen haben:

Beispiel:

A)	**Einnahmen**	
	Einnahmen aus Vermittlungsprovisionen	7.800,00 EUR
B)	**Betriebsausgaben**	
	1. IHK-Beitrag	51,00 EUR
	2. Fahrtkosten (4.500 km × 0,30 EUR)	1.275,00 EUR
	3. Porto	58,00 EUR
	4. Telefonkosten pauschal	240,00 EUR
	5. Bewirtungsaufwendungen (70 %)	87,99 EUR
	6. Bürobedarf	47,50 EUR
	7. Abschreibung PC	412,00 EUR
C)	**Gewinn**	5.628,51 EUR

Der Gewinn wird im Rahmen der Ermittlung der Summe der Einkünfte addiert und gemeinsam mit diesen versteuert. Sollte sich ein Verlust ergeben, so wird dieser von den anderen Einkünften abgezogen und mindert somit die Steuerlast.

Beachten Sie bitte, dass sämtliche Einnahmen- und Ausgabenbelege zu Nachweiszwecken übersichtlich abgeheftet werden müssen und zehn Jahre aufzubewahren sind.

Praxis-Tipp:

7 Machen Sie mit Ihrer selbstständigen Nebentätigkeit über Jahre hinweg nur Verluste, besteht die Gefahr, dass diese vom Finanzamt nicht anerkannt werden (sog. Liebhaberei). Hierdurch soll vermieden werden, dass Scheintätigkeiten, deren Verluste steuerlich geltend gemacht werden sollen, die Steuerlast mindern und möglicherweise private Hobbys vom Staat mitfinanziert werden.

Exkurs: Umsatzsteuer

Umsätze aus einer gewerblichen oder freiberuflichen Tätigkeit unterliegen grundsätzlich der Umsatzsteuer. Ausnahmen hiervon gelten beispielsweise für Ärzte oder Versicherungsmakler, da deren Umsätze von der Umsatzsteuer befreit sind.

Im Einzelnen sind umsatzsteuerpflichtig:

- Lieferungen und sonstige Leistungen
- Einfuhren aus Ländern außerhalb der EU
- innergemeinschaftliche Erwerbe, also Einfuhren aus EU-Ländern

Bemessungsgrundlage für die Umsatzsteuer ist das „Entgelt". Es umfasst alles, was ein Leistungsempfänger für den Erhalt der Leistung aufwenden muss, jedoch abzüglich der Umsatzsteuer. Das Entgelt ist somit der Betrag, auf welchen die Umsatzsteuer zu rechnen ist.

Der Umsatzsteuersatz beträgt seit 2007 19 Prozent. Für einige Waren, insbesondere Grundnahrungsmittel, beträgt der Steuersatz 7 Prozent.

Das System der Umsatzsteuer stellt sicher, dass bei gleichem Steuersatz alle Waren und Dienstleistungen beim Endverbraucher in gleicher Höhe belastet sind.

Erreicht wird dies durch den sogenannten Vorsteuerabzug. Er berechtigt einen Unternehmer, von der Umsatzsteuer, die er für getätigte Umsätze schuldet, diejenige Steuer abzuziehen (Vorsteuer), die ihm in Rechnung gestellt wurde. Damit eine Berechtigung zum Abzug von Vorsteuer besteht, werden an den Inhalt der Rechnungen bestimmte Anforderungen gestellt. Eine Rechnung muss folgende Angaben enthalten:

- den vollständigen Namen und die vollständige Anschrift des leistenden Unternehmers und des Leistungsempfängers
- die dem leistenden Unternehmer vom Finanzamt erteilte Steuernummer oder die ihm vom Bundesamt für Finanzen erteilte Umsatzsteuer-Identifikationsnummer
- das Ausstellungsdatum
- eine fortlaufende Nummer mit einer oder mehreren Zahlenreihen, die zur Identifizierung der Rechnung vom Rechnungsaussteller einmalig vergeben wird (Rechnungsnummer)

- die Menge und die Art (handelsübliche Bezeichnung) der gelieferten Gegenstände oder den Umfang und die Art der sonstigen Leistung
- den Zeitpunkt der Lieferung oder sonstigen Leistung oder der Vereinnahmung des Entgelts oder eines Teils des Entgelts, sofern dieser Zeitpunkt feststeht und nicht mit dem Ausstellungsdatum der Rechnung identisch ist
- das nach Steuersätzen und einzelnen Steuerbefreiungen aufgeschlüsselte Entgelt für die Lieferung oder sonstige Leistung sowie jede im Voraus vereinbarte Minderung des Entgelts, sofern sie nicht bereits im Entgelt berücksichtigt ist
- den anzuwendenden Steuersatz sowie den auf das Entgelt entfallenden Steuerbetrag oder im Fall einer Steuerbefreiung einen Hinweis darauf, dass für die Lieferung oder sonstige Leistung eine Steuerbefreiung gilt
- in den Fällen des § 14b Abs. 1 Satz 5 UStG einen Hinweis auf die Aufbewahrungspflicht des Leistungsempfängers

Da in der Praxis jeder Unternehmer zahlreiche Umsätze tätigt, denen eine Vielzahl verschiedener Eingangsrechnungen mit enthaltener Vorsteuer gegenüberstehen, wird eine Verrechnung mit der Abgabe von Umsatzsteuer-Voranmeldungen vorgenommen.

7 Die Abgabe der Voranmeldungen erfolgt grundsätzlich vierteljährlich. Beträgt die Umsatzsteuerschuld des Vorjahres mehr als 7.500 Euro, so ist die Voranmeldung monatlich einzureichen. Beträgt sie weniger als 1.000 Euro, braucht nur eine Jahreserklärung abgegeben zu werden. Für das Jahr der Betriebseröffnung und das folgende Jahr gilt eine monatliche Verpflichtung zur Abgabe der Umsatzsteuer-Voranmeldungen.

Nach Ablauf eines Kalenderjahres hat der Unternehmer eine Umsatzsteuer-Jahreserklärung beim Finanzamt abzugeben. In dieser werden die Zahlungen des abgelaufenen Jahres und sich möglicherweise durch Abschlussbuchungen und Korrekturen ergebende Änderungen abgerechnet. In der Regel wird die Umsatzsteuererklärung zusammen mit der Gewinnermittlung und der Einkommensteuererklärung abgegeben.

Gerade bei nebenberuflich ausgeübten selbstständigen Tätigkeiten ist die sogenannte Kleinunternehmerregelung wichtig. Diese besagt, dass ein Unternehmer, dessen Umsatz im vergangenen Jahr nicht mehr als 17.500 Euro betragen hat und im laufenden Jahr 50.000 Euro voraussichtlich nicht übersteigt, von der Umsatzsteuer befreit ist.

Diese Regelung ist vor allem dann interessant, wenn die Lieferung oder Leistungserbringung direkt an den Endkunden erfolgt, da diese selbst keinen Vorsteuerabzug haben. Da keine Umsatzsteuer gezahlt werden muss, ist nämlich entweder die Ware um den Umsatzsteuerbetrag günstiger, was die Konkurrenzfähigkeit erhöht, oder der Gewinn ist entsprechend höher. Gleichzeitig ist allerdings der Vorsteuerabzug nicht möglich.

Zu beachten ist bei der Kleinunternehmerregelung, dass in von diesen Unternehmern ausgestellten Rechnungen keine Umsatzsteuer ausgewiesen werden darf. Geschieht dies dennoch, so tritt unwillkürlich und für alle getätigten Umsätze des entsprechenden Kalenderjahres Steuerpflicht ein.

Praxis-Tipp:

Die Umsatzsteuer ist eine der kompliziertesten Steuerarten. Die Ausführungen hierzu können nur einer Sensibilisierung für das Thema dienen und einen grundsätzlichen Überblick bieten. Sollten Sie von der Problematik betroffen sein, sind weiterführende Literatur und der Rat des Profis wichtig, um unnötige Fehler zu vermeiden.

Einkünfte aus Vermietung und Verpachtung

Grundsätze

Einkünfte aus der Vermietung von Gebäuden, Gebäudeteilen und Grundstücken fallen steuerlich unter die Einkunftsart Vermietung und Verpachtung (V+V). Die Einkünfte werden aus der Gegenüberstellung der Einnahmen über die Werbungskosten erfasst. Übersteigen die Werbungskosten die Mieteinnahmen, wie es insbesondere wegen Fremdfinanzierung des Mietobjekts (Finanzierungskosten) oder hoher Reparaturaufwendungen (Erhaltungsaufwand) häufig vorkommt, mindern die Verluste aus der Vermietung die Gewinne. Einnahmenüberschüsse aus anderen Einkunftsarten vermindern sich dadurch ebenfalls, sodass die Steuerlast insgesamt sinkt.

Zu den einkommensteuerpflichtigen Einnahmen aus V+V zählen außer den vereinbarten Miet- und Pachtzinsen – einschließlich der Umlagen für Neben- und Betriebskosten – grundsätzlich alle Vergütungen, die als Entgelte für die Gebrauchsüberlassung, z. B. des Grundstücks, geleistet werden. Es kommt weder auf die Bezeichnung der Vergütungen noch darauf an, ob sie einmalig oder laufend zufließen. Entscheidend ist vielmehr, dass die Einnahmen durch die Vermietungs- oder Verpachtungstätigkeit veranlasst sind, wie das zum Beispiel bei öffentlichen Zuschüssen wegen Hinnahme von Belegungs- und Mietpreisbindungen der Fall ist.

Werbungskosten

Werbungskosten sind alle Aufwendungen, bei denen objektiv ein wirtschaftlicher Zusammenhang mit der Vermietung und Verpachtung besteht und die subjektiv zur Förderung der Nutzungsüberlassung gemacht werden.

Sie können Werbungskosten auch dann geltend machen, wenn noch oder vorübergehend keine Einnahmen aus dem Gebäude erzielt werden, z. B. weil das Mietobjekt erst noch errichtet wird oder eine Zeit lang leer steht. Allerdings muss die anhaltende Vermietungsabsicht nachgewiesen werden, beispielsweise durch Anzeigen zur Mietersuche. Werbungskosten kommen auch nachträglich in Betracht, wenn keine Einnahmen mehr fließen, z. B. wenn das Mietshaus verkauft wird und die für dessen früheren

Erwerb aufgenommenen Kredite vom Erlös nicht völlig getilgt werden können.

Werbungskosten bei Vermietung und Verpachtung sind im Einzelnen

- Finanzierungskosten (Damnum/Disagio, Grundschuldeintragung, Schuldzinsen); hierzu zählen auch die Abschlussgebühren für einen Bausparvertrag, wenn das Bauspardarlehen der Finanzierung der vermieteten Immobilie dient
- Erhaltungsaufwendungen (größere Erhaltungsaufwendungen können entweder im Jahr der Zahlung voll angesetzt oder aber auf zwei bis fünf Jahre verteilt werden)
- Nebenkosten (Versicherungen, Steuern, Beiträge, Energiekosten etc.)
- Verwalterkosten
- Abschreibung
- sonstige Aufwendungen (Fahrtkosten, Telefon, Porto, Mehraufwendungen für Verpflegung etc.)

Praxis-Tipp:

Auch die Vermietung einer Wohnung an einen nahen Angehörigen wird grundsätzlich steuerlich anerkannt. So ist es nicht unüblich, dass die Eltern eine Wohnung am Arbeits- oder Studienort des Kindes erwerben und diese an das Kind vermieten. Damit die Vermietung anerkannt wird, ist es jedoch wichtig, dass ein wirksamer und tatsächlich durchgeführter Mietvertrag vorliegt. Die Vermietung muss folglich wie zwischen fremden Dritten erfolgen. Sollte die Wohnung verbilligt überlassen werden, was grundsätzlich nicht schädlich ist, so darf die Miete seit 01.01.2012 nicht weniger als 66 Prozent der ortsüblichen Miete betragen. Ansonsten erfolgt eine anteilige Kürzung der Werbungskosten.

Hieraus wird ersichtlich, dass die Vermietung an einen nahen Angehörigen erhebliches Gestaltungspotenzial in sich birgt. Wenn Sie diese nämlich so gestalten, dass die Einnahmen möglichst niedrig sind, ohne dass die Werbungskosten gekürzt werden, so erhöhen Sie gleichzeitig den Verlust aus der Vermietung, was zu Steuerersparnissen führt.

Wie aus der Aufzählung ersichtlich, zählen auch die Abschreibungen zu den Werbungskosten, die von den Anschaffungskosten bzw. Herstellungskosten des vermieteten Gebäudes oder der Eigentumswohnung vorzunehmen sind.

Abschreibungen sind von den Herstellungskosten oder Anschaffungskosten der Wohnung vorzunehmen, die auf den Gebäudeteil einschließlich des Gemeinschaftseigentums entfallen. Auf den Anteil am Grund und Boden sind keine Abschreibungen zulässig. Daher muss im Fall der Anschaffung der Wohnung der Kaufpreis auf den Gebäudeanteil und den Grund- und Bodenanteil aufgeteilt werden. Diese Aufteilung ist nach ständiger Rechtsprechung entsprechend den Verkehrswerten vorzunehmen.

Beispiel:

Familie Hoff erwirbt ein Reihenhaus, welches sie vermieten möchte. Der Kaufpreis beträgt 180.000 EUR, wovon 36.000 EUR, somit 20 %, auf den Grund und Boden entfallen. Neben dem Kaufpreis fallen an Erwerbsnebenkosten an: 6.264 EUR Maklercourtage, 1.500 EUR Notar- und Grundbuchkosten sowie 5 %, somit 9.000 EUR, an Grunderwerbsteuer. Von den Nebenkosten in Höhe von 16.764 EUR entfallen 20 % auf den Grund und Boden sowie 80 % auf das Gebäude. Die Bemessungsgrundlage für die Abschreibung beträgt folglich 180.000 EUR ./. 36.000 EUR (Grund und Boden) + 13.412 EUR (= 80 % × 16.764 EUR) = 157.412 EUR.

8

Die Abschreibung beträgt grundsätzlich 2 %, im Beispiel somit 3.148 EUR jährlich. Wurde das Gebäude vor 1925 errichtet, beträgt die Abschreibung 2,5 %. Handelt es sich um einen Neubau, für den der Bauantrag nach dem 31.12.2003 und vor dem 1.1.2006 gestellt wurde oder bei Kauf der Kaufvertrag nach dem 31.12.2003 und vor dem 01.01.2006 abgeschlossen wurde, so können im Jahr der Fertigstellung und den folgenden neun Jahren 4 %, danach acht Jahre lang 2,5 % und anschließend 32 Jahre lang 1,25 % abgeschrieben werden.

Fallbeispiel

Die Ermittlung des Überschusses der Einnahmen über die Werbungskosten könnte am Beispiel der Familie Hoff wie folgt aussehen:

A)	**Einnahmen**	
	1. Einnahmen aus Vermietung 12 × 700 EUR	8.400 EUR
	2. Einnahmen aus Nebenkosten 12 × 100 EUR	1.200 EUR
Summe der Einnahmen		**9.600 EUR**
B)	**Werbungskosten**	
	1. Abschreibung 2 %	3.148 EUR
	2. Schuldzinsen aus Darlehensfinanzierung	6.500 EUR
	3. Instandhaltungen	630 EUR
	4. Nebenkosten (Steuern, Wasser, Versicherungen, Strom, Heizkosten, Verwalter etc.)	1.300 EUR
	5. Fahrtkosten (800 km × 0,30 EUR)	240 EUR
	6. Telefon, Porto etc. pauschal	120 EUR
	Summe der Werbungskosten	**11.938 EUR**
C)	**Negativer Überschuss**	**– 2.338 EUR**

Häufig wird beim Neubau eines Einfamilienhauses eine Einliegerwohnung zum Vermieten integriert. In diesem Fall sind sowohl die Herstellungskosten des Gebäudes (für die Abschreibung) als auch die nicht direkt zuzuordnenden Nebenkosten nach dem Verhältnis der Nutzflächen anteilig aufzuteilen. Die Größe der Nutzfläche ergibt sich aus der Nutzflächenberechnung des Architekten.

Praxis-Tipp:

Grundsätzlich kann im Falle einer gemischt genutzten Immobilie (eigene Wohnzwecke und Vermietung) nur derjenige Anteil an den Schuldzinsen als Werbungskosten geltend gemacht werden, welcher entsprechend der Nutzflächenaufteilung auf den vermieteten Anteil entfällt. Aus diesem Grund sollte die Finanzierung so gestaltet werden, dass zunächst sämtliche Eigenmittel ausschließlich in den selbst genutzten Gebäudeteil einfließen. Die Darlehensfinanzierung ist so zu gestalten, dass zwei Darlehen aufgenommen werden. Ein Darlehen dient der Finanzierung des Restbetrages für den selbst genutzten Teil, das zweite Darlehen für die Finanzierung des vermieteten Anteils.

Beispiel:

Herstellungskosten des Gebäudes: 200.000 EUR, davon 25 % für den vermieteten Teil, Eigenmittel 50.000 EUR.

Finanzierung: Eigenmittel 50.000 EUR plus 100.000 EUR Darlehen für den selbst genutzten Teil; 50.000 EUR Darlehen für den vermieteten Gebäudeteil.

Bei der Auszahlung der Darlehen ist darauf zu achten, dass das Darlehen für den vermieteten Teil auf ein gesondertes Baukonto fließt und von dort die anteiligen Kosten beglichen werden.

Weiterhin sollte bei der Gestaltung in einem weiteren Schritt die Tilgungsvereinbarung mit der Bank so getroffen werden, dass zunächst nur der selbst genutzte Teil getilgt wird, da die hierfür anfallenden Zinsen nicht abzugsfähig sind. Erst nach Tilgung dieses Darlehens sollte dann das Darlehen für den vermieteten Teil getilgt werden. Über die Laufzeit ergeben sich somit erhebliche Steuerersparnisse.

Werden Teile einer selbst genutzten Eigentumswohnung, eines selbst genutzten Einfamilienhauses oder insgesamt selbst genutzten anderen Hauses vorübergehend vermietet und übersteigen die Einnahmen hieraus nicht 520 Euro, kann auf Antrag von der Besteuerung der Einkünfte abgesehen werden. Das Gleiche gilt bei einer vorübergehenden Untervermietung von Teilen einer angemieteten Wohnung, die im Übrigen selbst genutzt wird, entsprechend.

Ein besonderes Thema im Rahmen der Einkünfte aus Vermietung und Verpachtung sind die Erhaltungsaufwendungen. Darunter versteht man diejenigen Aufwendungen, die für laufende Instandhaltung und Instandsetzung, insbesondere Reparatur, Wartung und Pflege anfallen.

Grundsätzlich sind diese Kosten im Jahr der Verausgabung als Werbungskosten abzugsfähig. Für größere Erhaltungsaufwendungen besteht ein Wahlrecht. Diese können entweder im Jahr der Verausgabung voll angesetzt werden oder aber auf zwei bis fünf Jahre gleichmäßig verteilt werden. Hierdurch lassen sich die Werbungskosten so verteilen, dass ein größtmöglicher Steuerspareffekt erzielt wird.

Von den Erhaltungsaufwendungen abzugrenzen sind die sogenannten nachträglichen Anschaffungs- und Herstellungskosten. Diese fallen bei einem fertiggestellten Gebäude zunächst an, wenn es erweitert oder wesentlich verbessert wird. Das ist beispielsweise der Fall bei Aufstockung eines Gebäudes oder bei Errichtung eines Anbaus oder wenn die Baumaßnahmen sonst zu einer Vergrößerung der nutzbaren Fläche des Gebäudes führen, wie bei einem Dachgeschossausbau, durch den zusätzliche Wohnfläche entsteht. In einem solchen Fall erhöhen die Aufwendungen hierfür die Bemessungsgrundlage für die Abschreibung, die Kosten sind also nicht sofort als Werbungskosten abzugsfähig.

Das Gleiche gilt für Erhaltungsaufwendungen, die zu einer wesentlichen Verbesserung des Gebäudes und somit des Gebrauchswertes führen. Eine deutliche Gebrauchserhöhung wird angenommen, wenn:

- sich der Wohnstandard des Gebäudes maßgeblich steigert, sodass eine andere Wohnungskategorie erreicht wird. Dabei unterscheidet der BFH drei Stufen der Ausstattung: von einer sehr einfachen Ausstattung über eine mittlere zur sehr anspruchsvollen Ausstattung. Hierbei wird vor allem auf die wesentliche Verbesserung der Heizungs-, Sanitär- sowie Elektroinstallationen und der Fenster, z. B. Isolier- statt Einfachverglasung, abgestellt. Sind mindestens drei der genannten Bereiche betroffen, bejaht der BFH den Herstellungsaufwand. Dieser Abgrenzung kann nicht durch Verlagerung der wesentlichen Maßnahmen über mehrere Jahre hinaus ausgewichen werden, weil die „Sanierung in Raten" ebenso beurteilt wird wie in einem Zuge durchgeführte Modernisierungen.

- die tatsächliche Gesamtnutzungsdauer deutlich verlängert wird, z. B. bei über die Reparatur hinausgehenden Maßnahmen an tragenden Wänden, Decken oder Fundament.
- die erzielbare Miete deutlich gesteigert wird. Dabei sind jedoch Mietsteigerungen, die lediglich auf zeitgemäßen Bestand erhaltenden Neuerungen beruhen, nicht in die Beurteilung einzubeziehen. Das ist zum Beispiel der Fall, wenn Sie von Kohleöfen auf Zentralbeheizung umstellen.

Weiterhin ist immer dann von Anschaffungs- und Herstellungskosten und nicht von Erhaltungsaufwendungen auszugehen, wenn die innerhalb von drei Jahren nach Kauf eines Gebäudes anfallenden Erhaltungsaufwendungen netto, also ohne Umsatzsteuer, mehr als 15 Prozent der Anschaffungskosten des Gebäudes betragen. Allerdings sind Erhaltungsaufwendungen, die üblicherweise jährlich anfallen, nicht in die Berechnung einzubeziehen.

Einkünfte aus Kapitalvermögen und Spekulationsgewinnen

Grundsätze

Der Begriff „Einkünfte aus Kapitalvermögen" ist im Einkommensteuergesetz nicht näher definiert, sondern lediglich durch eine beispielhafte Aufzählung abgegrenzt.

Gemeinsames Merkmal all dieser Einnahmen ist es, dass sie eine Gegenleistung für die Nutzungsüberlassung von zum Privatvermögen gehörendem Kapital an Dritte darstellen.

Exemplarisch hierfür sind zu nennen:

- Zinsen aus Sparguthaben (auch Bausparguthaben)
- Gewinnanteile (Dividenden aus Aktienbeteiligungen und Fondsanteilen)
- Erträge aus festverzinslichen Wertpapieren
- Zinsanteile aus Lebensversicherungen
- Genussrechte
- Erträge aus typisch stillen Beteiligungen und aus partiarischen Darlehen
- Erträge aus sonstigen Kapitalforderungen
- Gewinne aus der Veräußerung von Aktien

So funktioniert die Abgeltungsteuer

Die Systematik der Besteuerung der Einkünfte aus Kapitalvermögen hat sich zum Jahreswechsel 2009 grundlegend geändert.

9

Während bislang die Einnahmen den Werbungskosten gegenübergestellt wurden und man den Überschuss hieraus der „normalen" Besteuerung unterwarf, ist mit der Methodik der Abgeltungsteuer seit 2009 grundsätzlich „alles anders".

Lediglich bei Zinseinnahmen aus Darlehen an nahe stehende Personen oder aber bei sogenannten Back-to-Back-Finanzierungen werden die Einkünfte wie bisher ermittelt und versteuert.

Bei der Abgeltungsteuer handelt es sich keineswegs um eine neue Steuerart, sondern um einen besonderen Steuertarif i. H. v. 25 Prozent. Diese Steuer wird grundsätzlich unabhängig vom übrigen Einkommen auf die Einkünfte aus Kapitalvermögen erhoben.

Dabei macht es sich der Fiskus leicht. Denn einbehalten wird die Steuer schon von der Bank. Sie führt sie an das zuständige Finanzamt ab. Dies gilt auch für Erträge aus Kapitalanlagen im Ausland, wobei bereits im Ausland gezahlte Steuern von der Bank angerechnet werden.

Insofern schützt die Geldanlage im Ausland grundsätzlich nicht vor der deutschen Steuer.

Gewinne aus dem Verkauf von Wertpapieren (Aktien, Zinsscheine etc.) werden grundlegend neu bewertet.

Während bis einschließlich 2008 diese Gewinne entweder als Spekulationsgewinne oder bei einer Haltedauer von mehr als einem Jahr überhaupt nicht versteuert wurden, unterliegen sie nun ebenfalls als Einkünfte aus Kapitalvermögen der Abgeltungsteuer.

Dies gilt jedoch nur für solche Wertpapiere, die seit 2009 gekauft wurden.

Fand der Erwerb vor 2009 statt und halten Sie die Papiere bereits länger als ein Jahr, können diese weiterhin steuerfrei veräußert werden.

Wichtig: Konnten bisher Verluste aus dem An- und Verkauf von Wertpapieren außerhalb der Spekulationsfrist von einem Jahr nicht mehr geltend gemacht werden, so ist dies nun konsequenterweise anders. Da auf der einen Seite die Gewinne besteuert werden, können auf der anderen Seite die Verluste mit diesen verrechnet werden.

Dabei ist zu beachten, dass Gewinne aus der Veräußerung von 9
Aktien auch nur mit Verlusten aus dem Verkauf von Aktien verrechnet werden können. In einem Jahr nicht ausgeglichene Verluste werden vorgetragen und können mit zukünftigen Gewinnen verrechnet werden.

Darüber hinaus ist zu beachten, dass eine Verrechnung der Verluste aus Kapitalvermögen mit positiven Einkünften aus anderen Einkunftsarten nach wie vor leider nicht möglich ist.

Berechnung der Abgeltungsteuer für Zinsen	
	Einnahmen aus Kapitalvermögen (z. B. Zinsen oder Dividenden)
./.	Verluste aus Kapitalvermögen
./.	Sparer-Pauschbetrag (801 EUR bei Ledigen/1.602 EUR bei Verheirateten)
=	**Einkünfte aus Kapitalvermögen**
×	25 % Abgeltungsteuer
./.	evtl. zu berücksichtigende ausländische Steuern
+	Solidaritätszuschlag (5,5 % auf die Abgeltungsteuer)
+	evtl. zu berechnende Kirchensteuer (je nach Bundesland 8 % oder 9 % der Abgeltungsteuer)
=	**Steuerbelastung**

Bei der Veräußerung von Wertpapieren (Aktien etc.) wird die Steuer wie folgt berechnet:

Berechnung der Abgeltungsteuer bei Veräußerung von Wertpapieren	
	Einnahmen aus dem Verkauf der Wertpapiere
./.	Anschaffungskosten der Wertpapiere
./.	Kosten im Zusammenhang mit dem Verkauf (Provisionen etc.)
./.	nicht ausgeglichene Verluste aus Vorjahren
=	**Einkünfte aus Kapitalvermögen**
×	25 % Abgeltungsteuer
+	Solidaritätszuschlag (5,5 % auf die Abgeltungsteuer)
+	evtl. zu berechnende Kirchensteuer (je nach Bundesland 8 % oder 9 % der Abgeltungsteuer)
=	**Steuerbelastung**

Wichtig: Es gibt zahlreiche Fälle, bei denen Verlustvorträge aus Wertpapierverkäufen vor 2009 vorhanden sind. Diese „Altverluste" können bis 2013 vorgetragen und in diesem Zeitraum mit etwaigen Gewinnen verrechnet werden. Nach 2013 ist eine Verrechnung bei den Einkünften aus Kapitalvermögen nicht mehr möglich. Nicht verbrauchte „Altverluste" können nach 2013 nur noch mit Spekulationsgewinnen verrechnet werden.

Bei den Zinseinnahmen dürfen über den Sparer-Pauschbetrag hinausgehende Werbungskosten nicht mehr abgezogen werden, was in besonderen Fällen zu abstrusen steuerlichen Ergebnissen führt. Dadurch ist es im Einzelfall ratsam, von dem im Folgenden beschriebenen Wahlrecht Gebrauch zu machen.

Da mit der Abgeltungsteuer ganz grundsätzlich die Steuer auf die jeweiligen Erträge bezahlt und somit „abgegolten" ist, muss – ebenfalls nur grundsätzlich – keine Erklärung der Einkünfte erfolgen. Das ist aber nur auf den ersten Blick von Vorteil.

Gerade bei Rentnern kommt es häufig vor, dass deren Steuersatz deutlich unter dem Satz der Abgeltungsteuer von 25 Prozent liegt. Hier bedeutet die Abgeltungsteuer eine Schlechterstellung.

In diesem Fall können die Einkünfte wie bisher erklärt und auf Antrag die Besteuerung nach dem nachfolgenden Schema durchgeführt werden:

Ermittlung der Einkünfte aus Kapitalvermögen	
	Einnahmen aus Kapitalvermögen
./.	Sparer-Pauschbetrag (801 EUR/1.602 EUR) oder höhere tatsächliche Werbungskosten
=	**Einkünfte aus Kapitalvermögen**

Nunmehr wird der individuelle Steuersatz auf die Einkünfte angewandt und die bereits von der Bank einbehaltene Abgeltungsteuer wie eine Vorauszahlung gegengerechnet, was regelmäßig zu Erstattungen führt, wenn der individuelle Steuersatz unter 25 Prozent liegt.

Als Werbungskosten kommen grundsätzlich alle abziehbaren Kosten infrage, welche mit der Erzielung der Einnahmen in Zusammenhang stehen. Dies können zum Beispiel sein:

- Fahrtkosten zur Bank
- Telefonkosten
- Schreibauslagen
- Darlehenszinsen für Kredite zur Anschaffung von Wertpapieren oder sonstigen Kapitalbeteiligungen
- Abschlussgebühren für einen Bausparvertrag, wenn der Abschluss des Vertrages in keinem wirtschaftlichen und zeitlichen Zusammenhang mit der Verwirklichung eines Bauvorhabens

steht und wenn auf Dauer ein Überschuss der Zinsgutschriften erwartet werden kann

- Kontoführungsgebühren
- Depotgebühren

Grundsätzlich sind diejenigen Bankinstitute, die Zinsen auszahlen, verpflichtet, 25 Prozent an Zinsabschlag (Abgeltungsteuer) sowie hierauf Solidaritätszuschlag i. H. v. 5,5 Prozent einzubehalten und an das Finanzamt abzuführen. Für Kapitalerträge bis zur Höhe von 801 Euro bei Ledigen und 1.602 Euro bei zusammen veranlagten Ehegatten kann dies durch die Erteilung von Freistellungsaufträgen an die Bank vermieden werden. Sprechen Sie hierzu mit dem für Sie zuständigen Bankberater. Sie erhalten von der Bank das entsprechende Formular, das Sie dann ausgefüllt an diese zurückgeben müssen.

Praxis-Tipp:

Die Höhe der insgesamt erteilten Freistellungsaufträge darf die Beträge von 801 Euro/1.602 Euro nicht übersteigen. Ansonsten kommt es unter Umständen zur falschen Einbehaltung von Kapitalertragsteuer. Was allerdings schwerer wiegt, sind die häufig aufgrund der Kontrollmöglichkeiten des Bundeszentralamtes für Steuern durchgeführten zusätzlichen Ermittlungen. Durch entsprechende Sorgfalt lässt sich dies leicht vermeiden.

Sollte bei Ihnen durch die Nichterteilung von Freistellungsaufträgen oder bei Überschreiten der Freibeträge Kapitalertragsteuer einbehalten worden und Ihr persönlicher Steuersatz nicht höher als 25 Prozent sein, sind die einbehaltenen Beträge nicht verloren. Vielmehr sind diese wie eine zusätzliche Steuervorauszahlung und im Rahmen der Einkommensteuerveranlagung anzurechnen.

Damit das geschieht, muss eine Steuerbescheinigung vom entsprechenden Anlageinstitut zusätzlich zur Jahresbescheinigung ausgestellt werden. Sie ist zusammen mit der Einkommensteuererklärung vorzulegen. Die Vorlage der Jahresbescheinigung reicht nicht aus.

Aus den Jahresbescheinigungen und den Steuerbescheinigungen ergibt sich, um welche Erträge es sich handelt und an welcher Stelle sie in das Formular (Anlage KAP) einzutragen sind.

Ein aktuelles Thema ist nach wie vor die Besteuerung von Kapitallebensversicherungen. Durch das Alterseinkünftegesetz wurde die Besteuerung von Erträgen aus Kapitallebensversicherungen geändert. Von dieser Neuregelung sind alle Verträge betroffen, die nach dem 31.12.2004 abgeschlossen wurden. Für die bis dahin abgeschlossenen Verträge gilt die alte Regelung, und zwar unabhängig davon, in welchem Jahr die Versicherungsleistung zufließt.

Wichtig: Bei Verträgen, die vor dem 01.01.2005 abgeschlossen wurden, werden grundsätzlich die in der Ablaufleistung enthaltenen Zinsanteile steuerfrei ausgezahlt, wenn die Laufzeit des Vertrages mindestens zwölf Jahre betragen hat. Von diesem Prinzip gibt es einige sehr spezielle Ausnahmen, deren Darstellung an dieser Stelle allerdings zu weit führen würde.

Erträge aus Kapitallebensversicherungen, die nach dem 31.12.2004 abgeschlossen wurden, müssen versteuert werden. Der zu versteuernde Betrag ermittelt sich aus der Differenz zwischen Ablaufleistung und den gezahlten Beiträgen.

Die Erträge müssen grundsätzlich in voller Höhe mit dem persönlichen Steuersatz versteuert werden. Die Abgeltungsteuer kommt hier nicht zur Anwendung. Lediglich wenn die Versicherung nach Vollendung des 60. Lebensjahres und nach Ablauf von zwölf Jahren seit dem Vertragsabschluss ausgezahlt wird, unterliegen die Zinsanteile nur zur Hälfte mit dem individuellen Steuersatz der Steuerpflicht. Für Rentenversicherungen mit Kapitalwahlrecht gelten entsprechende Regelungen, soweit nicht die Rentenzahlung gewählt wird.

Steuerpflichtige private Veräußerungsgeschäfte

Grundsätze

Die Veräußerung von Gegenständen des Privatvermögens wird grundsätzlich einkommensteuerlich nicht erfasst. Dies gilt auch, wenn aus diesen Gegenständen vorher steuerpflichtige Einnahmen bezogen wurden, wie dies bei vermieteten Immobilien oder Kapitalanlagen der Fall ist.

Neben einigen anderen, sehr speziellen Ausnahmen sind jedoch die Fristen für das Vorliegen eines steuerpflichtigen privaten Veräußerungsgeschäftes, früher als Spekulationsgewinn bezeichnet, zu beachten. Dies hat vor allem bei Grundstücksverkäufen eine erhebliche Bedeutung.

Verkauf von Grundstücken

Bei Grundstücken bedeutet dies, dass der Verkauf steuerpflichtig wird, wenn zwischen Anschaffung und Verkauf weniger als zehn Jahre vergangen sind.

Praxis-Tipp:

Sollten Sie eine Immobilie geerbt haben und möchten diese verkaufen, ist zur Berechnung der Spekulationsfrist der Zeitraum zwischen der Anschaffung durch den Erblasser und dem durch Sie getätigten Verkauf heranzuziehen. Der Zeitpunkt des Erbfalls ist dagegen unbeachtlich.

Nicht zu versteuern sind solche Gewinne, die bei der Veräußerung einer selbst genutzten Immobilie entstehen, wenn diese entweder seit dem Erwerb oder dem Bau ausschließlich zu eigenen Wohnzwecken oder aber im Jahr der Veräußerung und in den beiden vorangegangenen Jahren zu eigenen Wohnzwecken genutzt wird.

Die Ermittlung des Gewinns oder Verlusts aus privaten Veräußerungsgeschäften erfolgt, indem vom erzielten Veräußerungspreis die Anschaffungs- und Herstellungskosten abgezogen werden. Weiterhin sind die mit der Veräußerung verbundenen Kosten ebenfalls in Abzug zu bringen.

Wenn nun aber, was gerade bei vermieteten Immobilien der Fall ist, in der Vergangenheit Abschreibungen geltend gemacht wurden, so sind diese wiederum in vollem Umfang von den Anschaffungs- oder Herstellungskosten abzuziehen. Dies bedeutet, dass sich der Gewinn aus der Veräußerung erhöht und die bislang steuermindernd geltend gemachten Abschreibungen nun nachversteuert werden.

Beispiel:

Frau Müller hat am 02.01.2006 eine Eigentumswohnung zur Vermietung erworben. Die Anschaffungskosten haben 150.000 EUR betragen, wovon 25.000 EUR auf den Grund und Boden entfallen. Insgesamt hat sie 31.250 EUR an Abschreibungen geltend gemacht. Am 01.06.2013 veräußert Frau Müller die Wohnung für insgesamt 160.000 EUR, an Veräußerungskosten sind 2.000 EUR angefallen. Da zwischen Kauf und Verkauf weniger als zehn Jahre liegen, ist der Verkauf als privates Veräußerungsgeschäft steuerpflichtig. Der zu versteuernde Gewinn ermittelt sich wie folgt:

160.000 EUR ./. 118.750 EUR (= 150.000 EUR ./. 31.250 EUR) ./. 2.000 EUR = **39.250 EUR**

Gewinne aus privaten Veräußerungsgeschäften sind aber nur dann steuerpflichtig, wenn sie 599 Euro im Jahr übersteigen. Hierbei handelt es sich um eine Freigrenze und nicht um einen Freibetrag. Demzufolge wird ab einem Gewinn von 600 Euro der volle Betrag steuerpflichtig.

Es gibt Fälle, in denen es zu einer Veräußerung kommt, ohne dass dies den beteiligten Personen bewusst ist. Gerade bei Vermögensauseinandersetzungen im Rahmen von Scheidungen ist dies denkbar. In einem solchen Fall ist es dringend geboten, vor Abschluss einer entsprechenden Vereinbarung einen steuerlichen Fachmann zu konsultieren, um ein böses Erwachen zu vermeiden. Denn der Begriff der „Veräußerung“ ist nicht gleichzusetzen mit „Verkauf“.

Beispiel:

Herr Loscheider lebt mit seiner Ehefrau im gesetzlichen Güterstand der Zugewinngemeinschaft. Der Ehemann besitzt seit 2007 eine Eigentumswohnung im Alleineigentum, die einen Kaufpreis von 100.000 EUR hatte und seitdem vermietet wird. Die Abschreibungen betrugen 15.000 EUR. Die Ehe wird im Jahr 2015 geschieden, der Wert der Wohnung beträgt 110.000 EUR.

Im Rahmen des Ehescheidungsverfahrens wird ein Zugewinnausgleich für die Ehefrau i. H. v. 110.000 EUR festgestellt, der durch die Übertragung der Immobilie erfüllt wird.

Folge ist, dass Herr Loscheider eine private Verbindlichkeit gegenüber seiner geschiedenen Ehefrau durch Übertragung der Wohnung beglichen hat. Das kommt einer Veräußerung gleich. Entsprechend dem oben dargestellten Schema zur Gewinnermittlung hat er einen Gewinn i. H. v. 25.000 EUR zu versteuern.

Praxis-Tipp:

Betroffene sollten versuchen, eine Stundungsvereinbarung zu treffen, bis die Spekulationsfrist abgelaufen ist.

Von der Summe der Einkünfte zum Gesamtbetrag der Einkünfte

Grundsätze

Nachdem die Einkünfte aus den einzelnen Einkunftsarten ermittelt wurden, ergibt sich aus deren Addition die Summe der Einkünfte. Um das System der Einkommensteuer zu vergegenwärtigen, wird auf die bereits im **Kapitel 2 „So funktioniert das deutsche Einkommensteuersystem"** im **Abschnitt „Die Summe der Einkünfte"** abgebildete Übersicht verwiesen. Ausgehend von der Summe der Einkünfte wird unter Abzug von Altersentlastungsbetrag, Entlastungsbetrag für Alleinerziehende und des Freibetrags für Land- und Forstwirte der Gesamtbetrag der Einkünfte ermittelt.

Altersentlastungsbetrag

Der Altersentlastungsbetrag steht Steuerpflichtigen zu, die vor Beginn des betreffenden Veranlagungszeitraums das 64. Lebensjahr vollendet haben. Seine Höhe bestimmt sich nach dem Kalenderjahr, das der Vollendung des 64. Lebensjahres folgt. Für Steuerpflichtige, die die Voraussetzungen ab dem Veranlagungszeitraum 2015 erfüllen, beträgt er 24 Prozent, höchstens 1.140 Euro, des Arbeitslohns und der positiven Summe derjenigen Einkünfte, die nicht aus nichtselbstständiger Arbeit sind. Versorgungsbezüge und Renten fließen nicht in die Bemessungsgrundlage ein, sondern nur alle anderen Einkünfte (Zinseinkünfte, Vermietungseinkünfte etc.).

Bemessungsgrundlage ist somit der Arbeitslohn zuzüglich der anderen positiven Einkünfte ohne die vorgenannten Versorgungsbezüge und Renten. Der Altersentlastungsbetrag wird bis zum Jahr 2040 für Steuerpflichtige, die die Voraussetzungen jeweils erstmals erfüllen, schrittweise auf 0 Euro abgebaut. Bei Ehegatten steht der Betrag jedem Ehegatten einzeln zu.

Sollten Sie Pensionär sein und demzufolge Versorgungsbezüge erhalten, steht Ihnen der Altersentlastungsbetrag nur zu, wenn Sie über andere positive Einkünfte, beispielsweise aus Vermietung, verfügen. Im Gegenzug zu diesem steuerlichen Nachteil erhalten Sie einen Versorgungsfreibetrag sowie einen Zuschlag zum Versorgungsfreibetrag für die Versorgungsbezüge (vgl. hierzu **Kapitel 6 „Einkünfte aus nichtselbstständiger Arbeit und aus Versorgungsbezügen"**).

Wichtig: In der Steuererklärung brauchen Sie weder zum Altersentlastungsbetrag noch zum Versorgungsfreibetrag Angaben machen. Sie werden von Amts wegen berücksichtigt.

Entlastungsbetrag für Alleinerziehende

Ab dem Jahr 2004 trat an die Stelle des bisherigen Haushaltsfreibetrages der Entlastungsbetrag für Alleinerziehende i. H. v. 1.908 Euro für das erste Kind plus 240 Euro für jedes weitere Kind. Liegen die Voraussetzungen für die Gewährung nicht während des gesamten Jahres vor, so wird er nur anteilig nach Monaten gewährt (159 Euro/179 Euro pro Monat). Der Entlastungsbetrag kann von Personen geltend gemacht werden, die

- alleinstehend sind und
- zu deren Haushalt mindestens ein Kind gehört, für das Kindergeld bezogen wird oder ein Kinderfreibetrag zusteht.

Als alleinstehend gilt, wer die Voraussetzungen für die Zusammenveranlagung nicht erfüllt (keine Anwendung der Splittingtabelle) oder verwitwet ist und keine Haushaltsgemeinschaft mit einer anderen volljährigen Person bildet. Eine Haushaltsgemeinschaft wird angenommen, wenn eine Person mit Haupt- oder Nebenwohnsitz in der Wohnung einer anderen Person gemeldet ist.

Die Annahme einer Haushaltsgemeinschaft ist jedoch widerlegbar, es sei denn, es handelt sich um eine eheähnliche Lebensgemeinschaft oder eine eingetragene Lebenspartnerschaft. Das Zusammenleben mit einer volljährigen Person ist von vornherein unschädlich, wenn

- es sich um Kinder handelt, für die Ihnen Kindergeld oder der Kinderfreibetrag zusteht.
- es sich um eigene Kinder handelt, die berücksichtigungsfähigen Freiwilligendienst leisten (z. B. Bundesfreiwilligendienst, Freiwilliges Soziales Jahr).

Die Haushaltszugehörigkeit des Kindes ist anzunehmen, wenn es in der Wohnung der alleinstehenden Person gemeldet ist. Ist das Kind bei mehreren Steuerpflichtigen gemeldet, steht der Entlastungsbetrag derjenigen Person zu, welche die Voraussetzungen zur Auszahlung des Kindergeldes erfüllt oder erfüllen würde. Der Entlastungsbetrag wird somit nur einmal gewährt.

Beispiel:

Der Rentner Herr Ziller ist verwitwet und lebt mit seinen beiden 14 und 16 Jahre alten Söhnen sowie seinem hochbetagten Vater in einer Wohnung. Für die beiden Söhne erhält er Kindergeld. Da Herr Ziller eine Haushaltsgemeinschaft mit einer über 18 Jahre alten Person, seinem Vater, bildet, der die oben genannten „Ausschlusskriterien" zur Annahme einer Haushaltsgemeinschaft nicht erfüllt, wird der Entlastungsbetrag nicht gewährt. Nachdem der Vater ins Pflegeheim gekommen und die Haushaltsgemeinschaft mit ihm aufgelöst ist, würde der Entlastungsbetrag ab dem Monat anteilig berücksichtigt, in dem der Auszug erfolgt. Bei Auszug im Oktober somit mit 3/12 von 2.148 EUR = 537 EUR.

Im Lohnsteuerabzugsverfahren wird der Entlastungsbetrag für Alleinerziehende berücksichtigt, sofern die Steuerklasse II beantragt worden ist. Der Eintrag erfolgt durch das Finanzamt im Rahmen des Lohnsteuerermäßigungs-Verfahrens. Sofern die Voraussetzungen für die Berücksichtigung des Entlastungsbetrages im Laufe des Kalenderjahres wegfallen, ist der Arbeitnehmer verpflichtet, die Eintragung der Steuerklasse beim Finanzamt umgehend ändern zu lassen.

Freibetrag für Land- und Forstwirte

Sollten Sie Einkünfte aus Land- und Forstwirtschaft beziehen, werden diese nur dann zur Einkommensteuer herangezogen, soweit sie bei ledigen Personen im Jahr 900 Euro und bei verheirateten Personen 1.800 Euro übersteigen. Bedingung ist allerdings auch, dass die Summe der Einkünfte 30.700 Euro und bei zusammen veranlagten Ehegatten 61.400 Euro nicht übersteigt.

Vom Gesamtbetrag der Einkünfte zum Einkommen

Sonderausgaben

12 Zur Ermittlung des Einkommens werden vom Gesamtbetrag der Einkünfte die Sonderausgaben und die Außergewöhnlichen Belastungen abgezogen. Der Gesetzgeber hat die verschiedensten Ausgaben des Bürgers als Sonderausgaben oder „wie Sonderausgaben" zum Abzug bei der Ermittlung des steuerpflichtigen Einkommens zugelassen, was auf unterschiedlichen gesetzgeberischen Erwägungen, vor allem sozial-, wirtschafts-, gesellschafts-, bildungs- und kulturpolitischen, beruht. Im Einzelnen kennt das Einkommensteuergesetz die folgenden Sonderausgaben:

- Unterhaltsleistungen
- Versorgungsausgleich
- Altersvorsorgebeiträge
- Beiträge zu begünstigten Versicherungen
- Kinderbetreuungskosten
- gezahlte Kirchensteuer
- Kosten der eigenen Berufsausbildung
- Schulgeld
- Einzahlungen auf begünstigte Altersvorsorgeverträge (Riester-Rente)
- begünstigte Spenden
- Parteispenden
- Verlustrücktrag und Verlustvortrag
- bestimmte Sonderabschreibungen im Zusammenhang mit selbst genutztem Wohneigentum (Denkmalschutz)
- Abzugsbeträge bei schutzwürdigen Kulturgütern

Unterschieden wird zwischen den beschränkt und den unbeschränkt abzugsfähigen Sonderausgaben. Dies bedeutet, dass bestimmte Sonderausgaben nur bis zu einem Maximalbetrag berücksichtigt werden.

Praxis-Tipp:
Sonderausgaben darf nur derjenige geltend machen, der diese selbst schuldet und entrichtet. Während es unerheblich ist, ob Sie oder Ihr Ehegatte die Beträge leistet, ist der Abzug von beispielsweise Versicherungsbeiträgen, die Sie für Ihre Kinder zahlen, nicht zulässig.

Werden für Unterhaltsleistungen, Renten oder dauernde Lasten, Kirchensteuer oder Spenden keine höheren Beträge nachgewiesen, erfolgt automatisch der Ansatz des Sonderausgabenpauschbetrages i. H. v. 36 Euro bei Ledigen und 72 Euro bei zusammen veranlagten Ehegatten.

Unterhaltsleistungen

Zahlen Sie Unterhalt an den geschiedenen oder dauernd getrennt lebenden, unbeschränkt einkommensteuerpflichtigen Ehegatten, so kann dieser bis zu einem Höchstbetrag von 13.805 Euro als Sonderausgabe abgezogen werden. Seit dem Jahr 2010 können darüber hinaus Beiträge zur gesetzlichen Krankenversicherung und zur gesetzlichen Pflegeversicherung, die der Steuerpflichtige für die zu unterhaltende Person aufwendet, zusätzlich zum Höchstbetrag abgezogen werden.

Bei privat Versicherten sind die Beitragsanteile, die auf Versicherungsleistungen entfallen, die in Art, Umfang und Höhe den Leistungen der gesetzlichen Krankenversicherung vergleichbar sind – mit Ausnahme des Krankentagegelds, das dem Krankengeld der gesetzlichen Krankenversicherung entspricht – abzugsfähig.

Wichtig: Abzugsfähig sind nur Beiträge zur sogenannten Basisabsicherung. Beitragsanteile für Wahl- oder Sonderleistungen, wie z. B. Chefarztbehandlung, Einbettzimmer, sowie für das Krankengeld gehören nicht zu den abzugsfähigen Kosten.

Bedingung ist jedoch, dass der Empfänger der Unterhaltsleistungen dem Abzug zustimmt. Denn dieser muss den erhaltenen Betrag bis maximal 13.805 Euro im Rahmen des sogenannten Realsplittings als sonstige Einkünfte versteuern.

Praxis-Tipp:

Die Anwendung des Realsplittings ist immer dann interessant, wenn das Einkommen des Unterhaltszahlers wesentlich höher ist als das des Empfängers. In diesem Fall ist die Steuerersparnis auf der einen Seite höher als die Steuerlast durch die Versteuerung der erhaltenen Unterhaltsleistungen auf der anderen Seite. Bezieht der Empfänger gar kein oder nur geringes eigenes Einkommen und kommt gar nicht in die Steuer, ist das Realsplitting besonders interessant.

Wichtig: Zu beachten ist, dass die Abzugsfähigkeit ausschließlich für den Ehegattenunterhalt gilt. Zahlungsverpflichtungen an die Kinder sind nicht begünstigt.

Versorgungsausgleich

Seit 2008 können Leistungen aufgrund eines schuldrechtlichen Versorgungsausgleichs als Sonderausgaben berücksichtigt werden, wenn sie beim Empfänger versteuert werden. Die Höhe des Abzugs wird danach bestimmt, in welchem Umfang die der Leistung zugrunde liegenden Einnahmen der Besteuerung unterliegen. Liegt der Leistung beispielsweise eine nur mit dem Ertragsanteil steuerbare Leibrente zugrunde, mindert sich das zu versteuernde Einkommen nur in Höhe des Ertragsanteils. Soweit die Leistungen in voller Höhe der Besteuerung unterliegen, ist ein Abzug der Leistungen aufgrund eines schuldrechtlichen Versorgungsausgleichs ebenfalls in voller Höhe vorzunehmen.

Vorsorgeaufwendungen

Das Alterseinkünftegesetz führte zum 01.01.2005 zu einer völligen Neuordnung der Behandlung von Altersvorsorgebeiträgen als Sonderausgaben. Hintergrund ist die Einführung einer nachgelagerten Besteuerung in diesem Bereich. Das bedeutet, dass bis zum Jahr 2040 schrittweise die teilweise steuerfreie Auszahlung von Alterseinkünften aufgehoben wird und gleichzeitig die während der Erwerbsphase gezahlten Beiträge stärker steuerfrei gestellt werden. Folge: Es gelten unterschiedliche Regelungen für Vorsorgeaufwendungen, die für die Altersvorsorge geleistet werden, und für die übrigen Vorsorgeaufwendungen. Neben den Beiträgen zur gesetzlichen Rentenversicherung können Sie Beiträge zu begünstigten, privaten Rentenversicherungen steuerlich geltend machen. Diese werden im Rahmen des sonst für Beiträge zur gesetzlichen Rentenversicherung geltenden Höchstbetrags berücksichtigt.

Eine private Rentenversicherung ist begünstigt, wenn sie nicht vor Beendigung des 60. Lebensjahres ausgezahlt wird und weder vererblich, übertragbar, beleihbar oder kapitalisierbar ist.

Seit 01.01.2010 gilt zudem das „Bürgerentlastungsgesetz Krankenversicherung", da die bisherige Regelung zur Abziehbarkeit der Kranken- und Pflegeversicherungsbeiträge als nicht mit dem Grundgesetz vereinbar galt. Nach der Neuregelung sind diejenigen Krankenversicherungsbeiträge unbeschränkt als Sonderausgaben abzugsfähig, die dazu bestimmt sind, ein „sozialhilfegleiches Versorgungsniveau" zu erlangen. Daneben können Beiträge zur gesetzlichen Pflegeversicherung (soziale Pflegeversicherung und private Pflegeversicherung) in voller Höhe steuerlich geltend gemacht werden. Konkret bedeutet dies, dass Steuerpflichtige, die in der gesetzlichen Krankenversicherung versichert sind, ihre Beiträge – mit Ausnahme der Beiträge, die auf einen Krankengeldanspruch entfallen – in voller Höhe abziehen können. Für den erworbenen Krankengeldanspruch wird eine pauschale Kürzung von vier Prozent der Beiträge vorgenommen, sofern dem Steuerpflichtigen der Anspruch auf Krankengeld tatsächlich zusteht.

Für Rentner, die in der gesetzlichen Krankenversicherung versichert sind, bedeutet dies, dass eine Kürzung unterbleibt, sofern sie nicht aus einer anderen Tätigkeit einen Anspruch auf Krankengeld erwerben.

Steuerpflichtige, die in einer privaten Krankenversicherung versichert sind, können diejenigen Beiträge unbeschränkt als Sonderausgaben abziehen, die nach Art, Umfang und Höhe den gesetzlichen Pflichtleistungen entsprechen. Beiträge für darüber hinausgehende Wahlleistungen, wie z. B. Chefarztbehandlung, Einzelzimmer, sind dagegen nicht als Sonderausgaben abzugsfähig. Der für einen Krankengeldanspruch gezahlte Beitragsanteil ist analog zur gesetzlichen Krankenversicherung nicht abzugsfähig.

Vom Versicherungsnehmer geleistete Beiträge für den mitversicherten, nicht dauernd getrennt lebenden, unbeschränkt einkommensteuerpflichtigen Ehegatten sowie für jedes Kind, für das ein Anspruch auf einen Kinderfreibetrag bzw. Kindergeld besteht, werden ebenfalls als eigene Beiträge des Steuerpflichtigen berücksichtigt.

Beiträge zu Versicherungen gegen Arbeitslosigkeit, zu Erwerbs- und Berufsunfähigkeitsversicherungen, zu Unfall- und Haftpflichtversicherungen, zu Risikoversicherungen, die nur für den Todesfall eine Leistung vorsehen, sowie diejenigen Kranken- und Pflegeversicherungsbeiträge, die nicht unter die oben genannte Basisversorgung fallen, können darüber hinaus im Rahmen gewisser Höchstbeträge berücksichtigt werden – allerdings nur dann, wenn diese durch den Ansatz der Beiträge zur Basisversorgung noch nicht überschritten wurden.

Für Steuerpflichtige, die ganz oder teilweise ohne eigene Aufwendungen einen Anspruch auf vollständige oder teilweise Erstattung oder Übernahme von Krankheitskosten haben bzw. einen Zuschuss zur Krankenversicherung erhalten (z. B. sozialversicherungspflichtig beschäftigte Arbeitnehmer, Beamte und Rentner) beträgt der Höchstbetrag 1.900 Euro. Für Steuerpflichtige, die dieses Merkmal nicht erfüllen (z. B. Selbstständige, Angehörige von Beihilfeberechtigten und geringfügig Beschäftigte), erhöht sich der Höchstbetrag auf 2.800 Euro im Kalenderjahr.

Praxis-Tipp:

Privatversicherte erhalten dazu von ihrem Unternehmen eine Beitragsbescheinigung. Versicherte sollten jedoch die ausgewiesenen Beträge und steuerlichen Hinweise nicht einfach übernehmen. Soweit die Aufwendungen für die Kranken- und Pflegeversicherung die Höchstbeträge von 1.900 bzw. 2.800 Euro (bei Ehegatten das Doppelte) übersteigen, werden nur die Beiträge zur Basisabsicherung steuerlich berücksichtigt. Für Privatversicherte bedeutet dies, dass sie keine Zusatzleistungen wie Einbettzimmer oder Chefarztbehandlung steuerlich geltend machen können, wenn bereits mit den Beiträgen zur Sicherung einer Grundversorgung auf dem Niveau der gesetzlichen Krankenversicherung der Höchstbetrag erreicht wird. Doch in bestimmten Fällen, z. B. bei niedrigen Aufwendungen für die Basisabsicherung, bei Ehepaaren oder bei Zuschüssen des Arbeitgebers, können die gesamten Beiträge zur Kranken- und Pflegeversicherung steuerlich abgesetzt werden. In ihren Beitragsbescheinigungen weisen manche privaten Krankenversicherer fälschlicherweise jedoch nur einen Teil der Beiträge als steuerlich abzugsfähig aus. Wer in solchen Fällen der Bescheinigung seines Versicherers folgt, macht deshalb zu geringe Vorsorgeaufwendungen geltend und zahlt mehr Steuern als nötig.

Ermittlung der steuerlich abzugsfähigen Vorsorgeaufwendungen

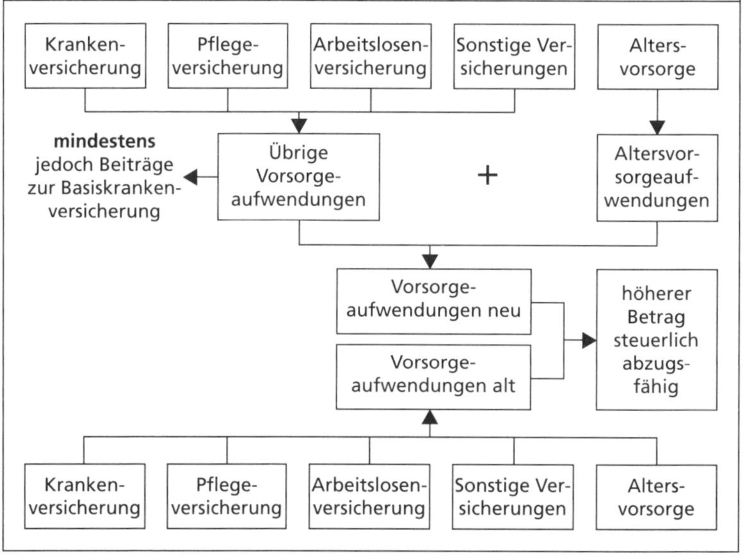

Die Ermittlung der steuerlich abzugsfähigen Vorsorgeaufwendungen stellt sich seit 2005 wie aus der nachstehenden Übersicht ersichtlich dar. Zu beachten ist, dass bis zum Jahr 2019 automatisch eine Vergleichsrechnung durchgeführt wird, ob das bis 2004 geltende oder das neue Recht günstiger ist. Der jeweils günstigere Betrag wird dann vom Finanzamt in Ansatz gebracht. Wichtig ist, dass Sie alle diesbezüglichen Aufwendungen im Formular erfassen.

Kinderbetreuungskosten

Zwei Drittel der Aufwendungen für Dienstleistungen zur Betreuung eines zum Haushalt des Steuerpflichtigen gehörenden Kindes, welches das 14. Lebensjahr noch nicht vollendet hat oder wegen einer vor Vollendung des 25. Lebensjahrs eingetretenen körperlichen, geistigen oder seelischen Behinderung außerstande ist, sich selbst zu unterhalten, können bis maximal 4.000 Euro pro Kind als Sonderausgaben abgezogen werden.

Begünstigte Aufwendungen sind Ausgaben für Dienstleistungen zur Betreuung eines Kindes. Hierzu zählen auch Fahrtkostenerstattungen an die Betreuungsperson. Eigene Fahrtkosten können hingegen nicht angesetzt werden. Gefördert werden sollen solche Dienstleistungen, bei denen die behütende oder beaufsichtigende Betreuung, das heißt, die persönliche Fürsorge für das Kind, im Vordergrund steht. Berücksichtigt werden können danach Aufwendungen für

- die Unterbringung von Kindern in Kindergärten, Kindertagesstätten, Kinderhorten, Kinderheimen und Kinderkrippen sowie bei Tagesmüttern, Wochenmüttern und in Ganztagespflegestellen,
- die Beschäftigung von Kinderpflegerinnen, Erzieherinnen und Kinderschwestern sowie
- die Beschäftigung von Hilfen im Haushalt, wenn sie ein Kind betreuen.

Voraussetzung für den Abzug ist, dass Sie über die Aufwendungen eine Rechnung erhalten haben und die Zahlung auf ein Konto des Erbringers der Leistung erfolgt ist. Barzahlungen sind somit nicht absetzbar.

Schulgeld

Unter der Bedingung, dass Ihr Kind eine staatlich genehmigte oder nach Landesrecht erlaubte Ersatzschule oder eine nach Landesrecht anerkannte allgemeinbildende Ergänzungsschule besucht und Sie für dieses Kind einen Kinderfreibetrag oder Kindergeld erhalten, kann das Schulgeld als Sonderausgabe angesetzt werden. Abzugsfähig sind 30 Prozent des gezahlten Betrages – höchstens 5.000 Euro – wobei im Schulgeld enthaltene Aufwendungen für Betreuung, Beherbergung und Verpflegung insgesamt nicht ansetzbar sind.

Gezahlte Kirchensteuer

Zu den abziehbaren Kirchensteuern zählen die Geldleistungen, die eine steuerberechtigte Religionsgemeinschaft aufgrund gesetzlicher Bestimmungen von ihren Mitgliedern erhebt. Zusätzliche freiwillige Zahlungen an eine Religionsgemeinschaft können nicht unbegrenzt als Sonderausgaben abgezogen werden, sondern allenfalls im Rahmen des begrenzten Spendenabzugs. Bei der Berechnung der abziehbaren Kirchensteuern sind von den geleisteten Beträgen eines Jahres die erstatteten Beträge des gleichen Jahres abzuziehen.

Beispiel:

Frau Lieblich hat im Jahr 2016 insgesamt 315 EUR an Kirchensteuer im Rahmen des Lohnsteuerabzugs gezahlt. Im Rahmen der Einkommensteuererklärung für das Jahr 2014 wurden ihr 2015 37 EUR erstattet. Für 2016 kann sie somit 278 EUR als Sonderausgaben geltend machen.

Aus dieser Systematik heraus ist es möglich, dass in einem Jahr mehr Kirchensteuer erstattet wird, als im gleichen Jahr gezahlt wurde. In diesem Fall trägt das Finanzamt den Erstattungsüberhang seit 2012 nicht mehr in das Jahr zurück, in dem die erstattete Kirchensteuer entrichtet wurde, und ändert den damaligen Steuerbescheid. Vielmehr wird jetzt der Überhang dem Gesamtbetrag der Einkünfte des Erstattungsjahres hinzugerechnet und damit versteuert (§ 10 Abs. 4b EStG).

Beispiel:

Frau Lieblich hat im Jahr 2016 aus der Einkommensteuererklärung 2015 einen Erstattungsbetrag in Höhe von 450 EUR an Kirchensteuer erhalten, während sie 2016 nur 315 EUR gezahlt hat. 2016 kann sie somit keine Kirchensteuer mehr als Sonderausgabe geltend machen. Gleichzeitig hat dies zur Folge, dass der überschießende Erstattungsbetrag in Höhe von 135 EUR sich aber auch nicht einkommenserhöhend auswirkt, während der 2016 erstattete Betrag als Zahlbetrag in 2015 bereits einkommensmindernd gewirkt hat. Dies bedeutet, dass Frau Lieblich einen systembedingten Steuervorteil erhält, den die Finanzverwaltung nicht anerkennt. Aus diesem Grund wird der Steuerbescheid 2015 wieder geändert und das zu versteuernde Einkommen um 135 EUR erhöht, was eine Nachzahlung zur Folge hat. Laut einer Verfügung der OFD Frankfurt gilt jedoch eine Nichtaufgriffsgrenze, so dass erst bei einem Erstattungsüberhang von mehr als 200 EUR eine Änderung des betreffenden Steuerbescheides erfolgt.

Steuerberatungskosten

Steuerberatungskosten sind alle Kosten, welche Ihnen im Zusammenhang mit der Erstellung von Steuererklärungen entstehen. Dies können neben Rechnungen von Steuerberatern oder Lohnsteuerhilfevereinen auch Kosten für Fahrten zum Berater oder zum Finanzamt, Kosten für entsprechende Weiterbildungen oder Fachliteratur wie zum Beispiel dieser Ratgeber sein.

Beim Ansatz der Steuerberatungskosten als Sonderausgaben hat es zum 01.01.2006 eine Änderung gegeben. Während bislang Steuerberatungskosten entweder als Werbungskosten, Betriebsausgaben oder als Sonderausgaben abzugsfähig waren, ist der Abzug als Sonderausgaben nunmehr nicht mehr möglich. Dies bedeutet, dass Steuerberatungskosten entweder als Werbungskosten oder Betriebsausgaben abzugsfähig sind oder aber gar nicht mehr. Werbungskosten oder Betriebsausgaben liegen vor, wenn eine unmittelbare Verbindung zu einer Einkunftsart besteht. Andernfalls liegen nicht abzugsfähige Kosten der privaten Lebensführung vor.

Beispiel:

Herr Pfeiffer lässt seine Steuererklärung von einem Steuerberater erstellen. Die Kosten belaufen sich auf 150 EUR für die Einkommensteuererklärung, 50 EUR für die Ermittlung der Einkünfte aus nichtselbstständiger Arbeit und 250 EUR für die Erstellung der Einnahme-/Überschussrechnung zur Feststellung der Einkünfte aus selbstständiger Arbeit aus seiner nebenberuflichen Tätigkeit als Sportlehrer.

Von den Gesamtkosten i. H. v. 450 EUR sind 150 EUR als Kosten der privaten Lebensführung nicht mehr abzugsfähig (bis einschließlich 2005 waren dies Sonderausgaben), 50 EUR sind als Werbungskosten bei den Einkünften aus nichtselbstständiger Arbeit und 250 EUR als Betriebsausgaben bei den Einkünften aus selbstständiger Arbeit abzugsfähig.

Begünstigte Altersvorsorgeverträge (Riester-Rente)

Da zum jetzigen Zeitpunkt nur sehr wenige Rentner und Ruhestandsbeamte von einer Riester-Rente profitieren, wird auf eine ausführliche Darstellung verzichtet.

Begünstigte Spenden

Im Jahr 2007 wurde der Spendenabzug neu geregelt. Demnach können Sie Spenden für steuerbegünstigte Zwecke bis zu einem Betrag von 20 Prozent des Gesamtbetrags der Einkünfte als Sonderausgaben abziehen. Gleichzeitig können Spenden, die über den Höchstbetrag hinaus geleistet wurden, unbegrenzt in die Zukunft vorgetragen werden.

Der Nachweis der Spende erfolgt über eine Spendenquittung, die der Empfänger der Zuwendung auszustellen hat. Aus der Quittung muss hervorgehen, um welche Art von Spende es sich handelt. In besonderen Fällen, wie beispielsweise bei Naturkatastrophen, reicht ein vereinfachter Nachweis durch Vorlage der Einzahlungsquittung, z. B. des Kontoauszuges. Diese Fälle werden meist in der Tagespresse bekannt gemacht. Für eine Einzelzuwendung unter dem Betrag von 200 Euro reicht als Nachweis ebenfalls die Vorlage eines Einzahlungsbeleges oder der Buchungsbestätigung aus, wenn es sich beim Empfänger um eine Körperschaft des öffentlichen Rechts, eine öffentliche Dienststelle oder einen Spitzenverband der freien Wohlfahrtspflege handelt.

Sollten Sie bei bestimmten Mitgliedsbeiträgen nicht wissen, ob diese ebenfalls als Spende abzugsfähig sind, reicht meist ein Blick auf die Beitragsquittung aus. So sind beispielsweise Beiträge zum Deutschen Roten Kreuz, zum VdK etc. abzugsfähig, während die Mitgliedsbeiträge des Sportvereins nicht abziehbar sind.

Praxis-Tipp:

Eine besondere Stellung nehmen die sogenannten Sachspenden ein. Diese werden immer dann geleistet, wenn Gegenstände, wie beispielsweise ausgediente Bekleidung, an gemeinnützige Institutionen abgegeben werden. In diesem Fall erhalten Sie eine Spendenquittung über den Wert der gespendeten Sachen. Folglich sollte man zum Beispiel Bekleidung nicht zur Straßensammlung geben, sondern gegen Spendenquittung direkt bei der entsprechenden Institution abgeben.

Mitgliedsbeiträge und Spenden an politische Parteien

Mitgliedsbeiträge und Spenden an politische Parteien nehmen eine besondere Stellung innerhalb der Abzugsfähigkeit von Spenden ein. Vorrangig vor dem Abzug als Sonderausgabe kommt nämlich der direkte Steuerabzug zum Zuge. Dies bedeutet, dass die Einkommensteuerschuld direkt um 50 Prozent der geleisteten Beträge gemindert wird. Maximal sind so bei Ledigen 50 Prozent von 1.650 Euro, also 825 Euro, und bei zusammen veranlagten Ehegatten 50 Prozent von 3.300 Euro, das heißt 1.650 Euro, abziehbar.

Beispiel:

Der ledige Herr Merz ist Mitglied einer politischen Partei und zahlt einen jährlichen Beitrag i. H. v. 68 EUR. Im Rahmen seiner Einkommensteuerfestsetzung werden 50 %, das heißt 34 EUR, direkt von seiner festzusetzenden Einkommensteuer abgezogen. Letztendlich bedeutet dies, dass der Fiskus den Mitgliedsbeitrag zu 50 % mitfinanziert.

Übersteigen die Mitgliedsbeiträge und Spenden den Höchstbetrag, sind die übersteigenden Beträge, wiederum begrenzt auf 1.650 Euro/3.300 Euro, als Sonderausgaben abzugsfähig.

Beispiel:

Herr Merz leistet neben seinem Beitrag i. H. v. 68 EUR eine Spende i. H. v. 2.500 EUR, insgesamt also 2.568 EUR. In einem ersten Schritt mindert sich seine Einkommensteuerschuld um 50 % von 1.650 EUR, das heißt um 825 EUR. Den nicht berücksichtigten Betrag i. H. v. 2.568 EUR ./. 1.650 EUR = 918 EUR kann er als Sonderausgaben geltend machen.

Verlustrücktrag und Verlustvortrag

Ergibt sich zum Beispiel durch einen hohen Verlust aus einer selbstständig ausgeübten Nebentätigkeit bei der Ermittlung des Gesamtbetrags der Einkünfte ein negativer Betrag, ist dieser bis zu einer Höchstgrenze von 1 Mio. Euro, bei zusammen veranlagten Ehegatten bis zu 2 Mio. Euro, im vorangegangenen Jahr im Rahmen des Verlustrücktrages zu berücksichtigen. Dabei kann beantragt werden, in welcher Höhe der Verlustrücktrag berücksichtigt werden soll, was Gestaltungsmöglichkeiten eröffnet. Der nicht berücksichtigte Betrag darf dann in zukünftigen Jahren vom Gesamtbetrag der Einkünfte abgezogen werden und mindert die Steuerlast zum gewünschten Zeitpunkt.

12

Außergewöhnliche Belastungen

Außergewöhnliche Belastungen entstehen dem Grunde und der Höhe nach zwangsläufig. Zwangsläufigkeit ist gegeben, wenn man sich den Ausgaben aus rechtlichen, tatsächlichen oder sittlichen Gründen nicht entziehen kann.

Unterschieden wird zwischen außergewöhnlichen Belastungen „allgemeiner Art", die im Rahmen einer Belastungsgrenze, der sogenannten „zumutbaren Belastung", auf Antrag vom Gesamtbetrag der Einkünfte abzuziehen sind, und den außergewöhnlichen Belastungen „in besonderen Fällen". Letztere sind im Einkommensteuergesetz geregelte konkrete Fälle. Der Nachweis ist durch Vorlage von Belegen zu führen. Nachfolgend werden die allgemeinen außergewöhnlichen Belastungen und die außergewöhnlichen Belastungen in besonderen Fällen dargestellt. Daran schließt sich eine alphabetische Darstellung möglicher außergewöhnlicher Belastungen an, die für Rentner und Ruhestandsbeamte besonders bedeutsam sein können.

Allgemeine außergewöhnliche Belastungen

Bei den allgemeinen außergewöhnlichen Belastungen errechnet sich die zumutbare Belastung nach einem Prozentsatz Ihrer gesamten Einkünfte. Dabei werden der Familienstand sowie die Anzahl der Kinder berücksichtigt. Wie hoch Ihre individuelle zumutbare Belastung im Einzelfall ist, können Sie anhand der nachfolgenden Übersicht ermitteln:

Zumutbare Belastung	**Gesamtbetrag der Einkünfte in EUR**		
	bis 15.340	bis 51.130	über 51.130
bei Alleinstehenden ohne Kinder	5 %	6 %	7 %
bei Ehegatten ohne Kinder	4 %	5 %	6 %
bei Steuerpflichtigen mit einem oder zwei Kindern	2 %	3 %	4 %
bei Steuerpflichtigen mit drei oder mehr Kindern	1 %	1 %	2 %

Allgemeine außergewöhnliche Belastungen können sein:

- Krankheitskosten
- Kosten einer künstlichen Befruchtung
- Kurkosten
- Scheidungskosten
- den Nachlass übersteigende Beerdigungskosten
- Tilgungen auf Schulden, die infolge einer Krankheit entstanden sind
- Kosten für einen Zivilprozess bei hinreichenden Erfolgsaussichten

Außergewöhnliche Belastungen in besonderen Fällen

Außergewöhnliche Belastungen in besonderen Fällen sind:

- Unterhaltsaufwendungen
- Sonderbedarf für die Berufsausbildung eines Kindes
- Behindertenpauschbetrag
- Hinterbliebenenpauschbetrag
- Pflegepauschbetrag

Unterhaltsaufwendungen

„Erwachsen einem Steuerpflichtigen Aufwendungen für den Unterhalt und eine etwaige Berufsausbildung einer dem Steuerpflichtigen oder seinem Ehegatten gegenüber gesetzlich unterhaltsberechtigten Person, so wird auf Antrag die Einkommensteuer dadurch ermäßigt, dass die Aufwendungen bis zu 8.652 Euro im Kalenderjahr vom Gesamtbetrag der Einkünfte abgezogen werden", heißt es in § 33a Abs. 1 EStG im Vergleich zu anderen Steuervorschriften gut verständlich. Damit wird die Abzugsfähigkeit der Unterhaltsaufwendungen als außergewöhnliche Belastung geregelt.

Voraussetzung für den Abzug ist allerdings, dass weder Sie noch Ihr Ehegatte Anspruch auf Kindergeld oder einen Kinderfreibetrag haben, weil zum Beispiel Ihr studierender Sohn die Altersgrenze von 25 Jahren überschritten hat. Weiterhin darf der

Empfänger der Unterstützung kein oder nur geringes Vermögen bis 15.500 Euro besitzen. Hat der Empfänger andere Einkünfte oder Bezüge, wird der Aufwendungsbetrag von 8.652 Euro um den Betrag gemindert, den die eigenen Einkünfte und Bezüge um 624 Euro je Kalenderjahr übersteigen. Seit dem Jahr 2010 können darüber hinaus Beiträge zur gesetzlichen Krankenversicherung und zur gesetzlichen Pflegeversicherung, die der Steuerpflichtige für die unterhaltene Person aufwendet, zusätzlich zum Höchstbetrag abgezogen werden.

Bei privat Versicherten sind die Beitragsanteile, die auf Versicherungsleistungen entfallen, die in Art, Umfang und Höhe den Leistungen der gesetzlichen Krankenversicherung vergleichbar sind – mit Ausnahme des Krankentagegelds, das dem Krankengeld der gesetzlichen Krankenversicherung entspricht – abzugsfähig.

Wichtig: Abzugsfähig sind nur Beiträge zur sogenannten Basisabsicherung; Beitragsanteile für Wahl- oder Sonderleistungen, wie z. B. Chefarztbehandlung, Einbettzimmer, sowie für das Krankengeld zählen nicht zu den abzugsfähigen Kosten.

Beispiel:

Herr Düren zahlt monatlich 800 EUR, somit 9.600 EUR im Kalenderjahr, an seine unterhaltsbedürftige Mutter. Die Mutter bezieht eigene Renteneinkünfte i. H. v. 2.000 EUR. Da er gegenüber der Mutter unterhaltspflichtig ist und keinen Anspruch auf Kindergeld oder Kinderfreibetrag für die Mutter hat, kann er die Unterhaltsleistungen im Rahmen der Höchstbetragsberechnungen abziehen. Da die Renteneinkünfte der Mutter den Betrag von 624 EUR um 1.376 EUR übersteigen, kann Herr Düren in seiner Einkommensteuererklärung 8.652 EUR ./. 1.376 EUR = 7.276 EUR als außergewöhnliche Belastung geltend machen.

Praxis-Tipp:

Werden Unterhaltsleistungen an den dauernd getrennt lebenden oder geschiedenen Ehegatten gezahlt und findet kein Realsplitting statt, fallen auch diese Leistungen unter die Abzugsfähigkeit als außergewöhnliche Belastung.

Die Zahlung der Unterstützung muss durch Überweisungsbelege, Kontoauszüge etc. nachgewiesen werden.

Aufwendungen an Kinder können nur dann geltend gemacht werden, wenn kein Anspruch auf Kindergeld oder Kinderfreibetrag besteht. Dies ist regelmäßig dann der Fall, wenn das Kind freiwilligen Dienst in der Bundeswehr leistet. Aufwendungen an den Partner im Rahmen einer eheähnlichen Lebensgemeinschaft werden lediglich anerkannt, wenn dem Partner staatliche Unterstützungsleistungen im Hinblick auf das Zusammenleben verweigert werden.

Sonderbedarf für die Berufsausbildung eines Kindes

Befindet sich ein volljähriges Kind, für das Anspruch auf Kindergeld oder Kinderfreibetrag besteht, in Berufsausbildung und ist es auswärtig untergebracht, so kommt der Abzug eines Freibetrages in Höhe von 924 Euro zum Tragen. Seit 2012 ist die Höhe der eigenen Einkünfte des Kindes nicht mehr zu beachten, so dass eine Minderung des Freibetrages nun nicht mehr erfolgt. Für jeden Monat, in welchem diese Voraussetzungen nicht vorgelegen haben, vermindert sich der Freibetrag um 1/12.

Behindertenpauschbetrag

Wegen der außergewöhnlichen Belastungen, die einem Menschen infolge einer Behinderung entstehen, kann er anstelle des Einzelnachweises einen Pauschbetrag in Abhängigkeit von Art und Schwere seiner Behinderung in Anspruch nehmen. Diese Pauschbeträge erhalten Menschen mit Behinderung, deren Grad der Behinderung auf mindestens 50 festgestellt ist. Menschen mit Behinderung, deren Grad der Behinderung auf weniger als 50, aber mindestens auf 25 festgestellt ist, erhalten die Pauschbeträge, wenn

- dem Menschen mit Behinderung wegen seiner Behinderung nach gesetzlichen Vorschriften Renten oder andere laufende Bezüge zustehen, und zwar auch dann, wenn das Recht auf die Bezüge ruht oder der Anspruch auf die Bezüge durch Zahlung eines Kapitals abgefunden worden ist,

- die Behinderung zu einer dauernden Einbuße der körperlichen Beweglichkeit geführt hat oder auf einer typischen Berufskrankheit beruht.

Die Höhe des Pauschbetrags richtet sich nach dem dauernden Grad der Behinderung. Als Pauschbeträge werden gewährt bei einem Grad der Behinderung (GdB)

von 25 und 30	310 EUR
von 35 und 40	430 EUR
von 45 und 50	570 EUR
von 55 und 60	720 EUR
von 65 und 70	890 EUR
von 75 und 80	1.060 EUR
von 85 und 90	1.230 EUR
von 95 und 100	1.420 EUR

Für Menschen mit Behinderung, die hilflos sind, und für blinde Menschen erhöht sich der Pauschbetrag auf 3.700 Euro.

Zusätzlich zu den Pauschbeträgen können Menschen mit Behinderung, welche einen Grad der Behinderung von mindestens 80 oder 70 haben und bei denen das Merkzeichen G im Behindertenausweis eingetragen ist, 3.000 km zu je 0,30 Euro, insgesamt also 900 Euro, ohne Einzelnachweis ansetzen. Ist im Behindertenausweis das Merkzeichen aG, Bl oder H eingetragen, können durch Fahrtenbuchnachweis bis zu 15.000 km à 0,30 Euro, somit 4.500 Euro, geltend gemacht werden.

Hinterbliebenenpauschbetrag

Steuerpflichtige, denen laufende Hinterbliebenenbezüge bewilligt worden sind, erhalten auf Antrag einen Pauschbetrag von 370 Euro. Dieser wird auch dann gewährt, wenn das Recht auf die Bezüge ruht oder der Anspruch auf die Bezüge durch Zahlung eines Kapitals abgefunden worden ist.

Praxis-Tipp:

Steht der Behindertenpauschbetrag oder der Hinterbliebenenpauschbetrag einem Kind zu, für das Sie Kindergeld oder einen Kinderfreibetrag erhalten, und wird der Freibetrag vom Kind nicht in Anspruch genommen, so können beide Beträge auf Antrag auf Sie übertragen und von Ihnen geltend gemacht werden.

Pflegepauschbetrag

Wegen der außergewöhnlichen Belastungen, die einem Steuerpflichtigen durch die Pflege einer Person erwachsen, die nicht nur vorübergehend hilflos ist, kann er anstelle des Einzelnachweises von Aufwendungen einen Pauschbetrag von 924 Euro im Kalenderjahr geltend machen. Voraussetzung ist, dass er dafür keine Einnahmen erhält. Zu diesen Einnahmen zählt unabhängig von der Verwendung nicht das von den Eltern eines behinderten Kindes für dieses Kind empfangene Pflegegeld. Weitere Voraussetzung ist, dass der Steuerpflichtige die Pflege im Inland entweder in seiner Wohnung oder in der Wohnung des Pflegebedürftigen persönlich durchführt.

ABC der wichtigsten außergewöhnlichen Belastungen

Altenheim

Die für die eigene altersbedingte Unterbringung erwachsenden Aufwendungen in einem Seniorenheim sind grundsätzlich nicht abziehbar. Dagegen sind Kosten für die eigene krankheits- oder behinderungsbedingte Unterbringung in einem Seniorenheim, abzüglich der Haushaltsersparnis und der Pflegezulage nach § 35 BVG, als außergewöhnliche Belastung berücksichtigungsfähig. Nach Auffassung der Finanzverwaltung soll der Abzug von dem Zeitpunkt an zulässig sein, ab dem mindestens die Pflegestufe 1 für den Rentner/Pensionär festgestellt worden ist. Eine differenzierte Beurteilung lässt sich der neuesten Rechtsprechung des BFH nur für gesondert in Rechnung gestellte Pflegesätze bei Personen der Pflegestufe 0 entnehmen, wenn diese Sätze zwischen Heim und Sozialhilfeträger vereinbart sind.

Baumaßnahmen in einer Mietwohnung

12 Falls die Baumaßnahmen in einer Mietwohnung durch Krankheit oder Behinderung veranlasst sind, können die Aufwendungen als außergewöhnliche Belastungen geltend gemacht werden. Voraussetzung ist allerdings, dass im Ergebnis ein verlorener Aufwand vorliegen muss, folglich kein Gegenwert entstehen darf. Das Gleiche gilt für Umbauten im Eigenheim. Aufwendungen für die Schaffung eines behindertengerechten Zugangs und den Einbau eines Aufzugs in ein Eigenheim werden dagegen mit der Begründung, es sei ein Gegenwert entstanden, nicht als Belastung anerkannt. Ausnahme: der Treppenschräglift, da dieser ausschließlich von einem kranken oder behinderten Menschen genutzt wird.

Beerdigungskosten

Kosten für die Beerdigung naher Angehöriger belasten zunächst das durch Erbfall übergegangene Vermögen. Daher scheidet ein Abzug der Beerdigungskosten als außergewöhnliche Belastung aus. Das gilt auch, falls die Kosten aus sonstigen Kapitalzuflüssen, beispielsweise aus einer zu Gunsten des Erben abgeschlossenen Lebensversicherung, bestritten werden können.

Besuchsfahrten

Aufwendungen für die üblichen Besuchsfahrten zu nahen Angehörigen sind in der Regel nicht abziehbar. Das gilt auch dann, wenn der Angehörige erkrankt und pflegebedürftig ist und die Fahrten in kürzeren Abständen – auch über eine größere Entfernung – durchgeführt werden. Nur unter ganz besonderen Umständen werden solche Aufwendungen als außergewöhnliche Belastung anerkannt. So können die Kosten für Besuchsreisen abgezogen werden, wenn der Besuch medizinisch indiziert und unmittelbar der Heilung oder Linderung der Krankheit dient.

Betreuung

In den Fällen einer krankheitsbedingten Betreuung sind die Vergütungen an den Betreuer als außergewöhnliche Belastung berücksichtigungsfähig. Aufwendungen für einen Betreuer oder Vormund, der ausschließlich im Bereich der Personenfürsorge tätig wird, sind als außergewöhnliche Belastungen abziehbar. Übt ein Vormund oder Betreuer sowohl Vermögens- als auch Personenfürsorge aus, ist die Vergütung im Schätzungsweg in Betriebsausgaben/Werbungskosten einerseits und außergewöhnliche Belastung andererseits aufzuteilen. Vergütungen für einen ausschließlich zur Vermögensfürsorge bestellten Vormund oder Betreuer sind keine außergewöhnliche Belastung, sondern Werbungskosten/Betriebsausgaben. Aufwendungen für einen Ergänzungspfleger sind keine außergewöhnliche Belastung.

Bewegungsbad im eigenen Haus

Die Betriebskosten eines Schwimm- und Bewegungsbads im eigenen Haus stellen ausnahmsweise eine außergewöhnliche Belastung dar, wenn es sich nicht um ein normales Schwimmbecken, sondern um ein Bewegungsbad handelt. Die krankheitsbedingte Notwendigkeit der Benutzung des häuslichen Schwimmbads muss durch amtsärztliche Bescheinigung nachgewiesen werden.

Blinde

Blinde Menschen erhalten zur Abgeltung ihrer durch die Blindheit veranlassten Aufwendungen einen steuerfreien Pauschbetrag von 3 700 Euro jährlich.

Fahrtkosten

Aufwendungen für die Fahrten eines schwer geh- und stehbehinderten Menschen sind – neben dem Behinderten-Pauschbetrag – in angemessenem Umfang berücksichtigungsfähig. Dies umfasst sowohl die unvermeidbaren Fahrten zur Erledigung privater Angelegenheiten als auch in angemessenem Rahmen die Kosten von Erholungs-, Freizeit- und Besuchsfahrten.

Gartenarbeit

Die Aufwendungen für die Tätigkeit eines Gartenbauunternehmens können bei den Steuerermäßigungen geltend gemacht werden (vgl. nächstes Kapitel). Außergewöhnliche Belastungen liegen keine vor.

Heilmittel

12 Aufwendungen für Brillen, Bruchbänder, Hörapparate usw. sind als Krankheitskosten im Rahmen der zumutbaren Belastung abziehbar.

Kraftfahrzeugunfall

Aufwendungen für die Beseitigung von Körperschäden, die ein Rentner oder Pensionär selbst bei einem Verkehrsunfall erlitten hat, sind in gleichem Umfang wie Krankheitskosten außergewöhnliche Belastungen. Aufwendungen für Sachschäden, insbesondere die Aufwendungen für die Reparatur des Kraftfahrzeugs, sind nicht abziehbar.

Krankheitskosten

Arznei- und Hilfsmittel

Aufwendungen für Arzneimittel – auch für nicht rezeptpflichtige Medikamente – sowie für allgemeine Stärkungsmittel sind abziehbar, wenn eine vor der Behandlung ausgestellte schriftliche ärztliche Verordnung vorliegt.

Aufwendungen für Frischzellenbehandlung und ähnliche, von der Schulmedizin nicht einhellig anerkannte Therapien werden nur berücksichtigt, wenn die medizinische Indikation dieser Behandlung im Einzelfall durch ein vor ihrem Beginn erstelltes amtsärztliches Zeugnis nachgewiesen ist. Die Aufwendungen für „Bagatell-Arzneimittel" sollen nur dann berücksichtigt werden können, wenn zu deren Anwendung die medizinische Indikation bescheinigt wird. Hierunter fallen etwa Mittel gegen Austrocknen von Haut (Altershaut), leichte Schlafmittel, Knoblauchpillen usw. Bei einer unheilbaren Krankheit können auch Aufwendungen für (noch) nicht zugelassene Medikamente berücksichtigungsfähig sein.

Auf Privatverordnung beruhende Aufwendungen für Schmerzmittel in ungewöhnlich großem Umfang sind nur abziehbar, wenn die Krankenversicherung den Ersatz trotz schriftlicher Aufforderung abgelehnt hat.

Berücksichtigungsfähig sind Aufwendungen für krankheitsbedingte Sonderformen der Kleidung, z. B. orthopädische Schuhe, sowie für technische Hilfsmittel, wenn von Ärzten oder anderen zur Ausübung der Heilkunde zugelassenen Personen schriftlich verordnet, z. B. Blindencomputer, Prothesen, Einlagen, Brillen, Hörgeräte, Bruchbänder, Zahnprothesen etc.

Die Zwangsläufigkeit von Aufwendungen für medizinische Hilfsmittel, die sowohl von Kranken zur Linderung ihrer Leiden als auch von Gesunden zur Steigerung der Lebensqualität angeschafft werden, ist durch Vorlage eines vor dem Kauf erstellten amts- oder vertrauensärztlichen Attests nachzuweisen, wobei Aufwendungen für medizinische Fachliteratur nicht abziehbar sind. Die Kosten eines Haartoupets werden nur in besonderen Ausnahmefällen anerkannt.

Arztkosten

Aufwendungen für die medizinische Behandlung durch Angehörige der staatlich anerkannten Heilberufe (Ärzte, Heilpraktiker, Krankengymnasten, Psychotherapeuten) sind abziehbar. Bei ambulanter Behandlung durch einen auswärtigen Arzt können auch die Kosten für Fahrt und Unterkunft abziehbar sein, wenn der Aufenthalt nur der Behandlung der Krankheit dient.

Aufwendungen für eine Heilbehandlung, für die die Kostenerstattung durch die Krankenkasse ausgeschlossen ist, werden unter Umständen anerkannt. Dasselbe gilt für eine psychotherapeutische Behandlung eines Heilpraktikers. Allerdings reicht allein die Bescheinigung des behandelnden Heilpraktikers über die medizinische Indikation der Behandlung als Nachweis nicht aus. Nicht abziehbar sind die Kosten für Wunderheiler. Auch die Kosten einer Schönheitsoperation oder Haartransplantation werden, soweit nicht ausnahmsweise medizinisch indiziert, nicht berücksichtigt.

Augen-Laser-Operation

Aufwendungen für chirurgische Hornhautkorrekturen durch Laserbehandlung sind grundsätzlich nur bei medizinischer Indikation als Krankheitskosten abziehbar.

Begleitbedürftigkeit

12 Aufwendungen für die ständige Begleitung können als außergewöhnliche Belastung abziehbar sein, wenn die Begleitbedürftigkeit ein amtsärztliches Gutachten oder Feststellungen im Schwerbehindertenausweis nachweisen.

Fettabsaugung

Aufwendungen für eine operative Fettabsaugung kommen als außergewöhnliche Belastung in Betracht, wenn sich aus dem vor Beginn der Maßnahme eingeholten amts- oder vertrauensärztlichen Gutachten zweifelsfrei die medizinische Indikation der Operation ergibt.

Folgekosten

Müssen nach einer Krankheit, Abmagerungs- oder Entziehungskur oder wegen besonderer Körpergröße neue oder ungewöhnliche Kleidungsstücke beschafft werden, gehören die Aufwendungen als bloße Folgekosten nach der bisherigen Rechtsprechung nicht zu den außergewöhnlichen Belastungen.

Heimdialyse

Entstehen einem Heimdialyse-Patienten höhere Aufwendungen, als sie durch den Behinderten-Pauschbetrag abgegolten werden, sind die übersteigenden Kosten als außergewöhnliche Belastung zu berücksichtigen.

Krankenhauskosten

Krankenhauskosten – auch für Einbettzimmer – einschließlich der eigenen Beiträge sind abziehbar, soweit nicht eine Erstattung aufgrund von Kranken- und Krankenhaustagegeldversicherungen erfolgt. Krankentagegelder werden nicht gegengerechnet, ebenso wenig die Haushaltsersparnis. Nach der geänderten Rechtsprechung des BFH gehören Trinkgelder mangels Zwangsläufigkeit nicht zu den unmittelbaren Krankheitskosten und stellen keine außergewöhnliche Belastung dar. Aufwendungen für die Benutzung eines Telefon- oder Fernsehapparats im Krankenzimmer werden als bloße Folgekosten einer Krankheit nicht berücksichtigt.

Krebsnachbehandlung

Nicht erstattungsfähige Aufwendungen für eine naturheilkundliche Krebsnachbehandlung wurden mangels Zwangsläufigkeit nicht als außergewöhnliche Belastung anerkannt.

Psychotherapie

Der Nachweis von Zwangsläufigkeit, Notwendigkeit und Angemessenheit der Aufwendungen für eine psychotherapeutische Behandlung ist durch ein amtsärztliches Attest vor Beginn der Behandlung zu führen.

Sport

Aufwendungen für Kranken- und Heilgymnastik sind bei ärztlicher Verordnung abziehbar, nicht hingegen die Aufwendungen für die Ausübung eines normalen Sports; anders dann, wenn eine amts- oder vertrauensärztliche Bescheinigung über die Notwendigkeit sowie über Art und Umfang der sportlichen Betätigung vorliegt und der Sport unter ärztlicher Anleitung und Aufsicht ausgeübt wird.

Suchtkrankheiten

Aufwendungen zur Therapie von Suchtkrankheiten sind in der Regel abziehbar, soweit diese medizinisch indiziert sind. So wurde dies beispielsweise bejaht für Alkoholismus, für den Besuch einer Anonymen Alkoholikergruppe und für Spielsucht. Zum Nachweis der medizinischen Notwendigkeit ist grundsätzlich die Vorlage eines vor Beginn von therapeutischen Maßnahmen ausgestellten amts- oder vertrauensärztlichen Zeugnisses erforderlich.

Kurkosten

Aufwendungen für eine Heilkur sind abziehbar, wenn und soweit ihre Zwangsläufigkeit nachgewiesen ist. Dies setzt voraus, dass die Reise nachweislich zur Heilung oder Linderung der Krankheit notwendig ist, eine andere Behandlung nicht oder kaum Erfolg versprechend erscheint und die verordneten Kurmaßnahmen am Kurort unter ärztlicher Aufsicht verabreicht werden. An den Nachweis der medizinischen Notwendigkeit werden ungewöhnlich hohe Anforderungen gestellt, da die Abgrenzung zu den ebenfalls gesundheitsfördernden, jedoch steuerlich nicht abziehbaren Aufwendungen einer Erholungsreise oder eines Badeurlaubs schwierig ist.

Eine schriftliche Verordnung nur des Hausarztes ist nicht ausreichend. In der Regel verlangt das Finanzamt ein vor Antritt der Heilkur ausgestelltes amtsärztliches Zeugnis. An dieser Voraussetzung hat der BFH trotz kritischer Äußerungen in Schrifttum und Rechtsprechung der Finanzgerichte erneut festgehalten. Von der Vorlage eines amtsärztlichen Zeugnisses kann abgesehen werden, wenn eine gesetzliche Krankenkasse aufgrund der Prüfung durch ihren medizinischen Dienst einen Zuschuss zu den Kosten der Unterkunft und Verpflegung für den Kuraufenthalt gewährt. Aus der amtsärztlichen Bescheinigung müssen sich Notwendigkeit und Dauer der Reise, das Reiseziel sowie die Art der Kuraufwendungen ergeben. Besonderheiten gelten für:

Klimakuren

Bei diesen bewirkt allein der Klimawechsel die Heilung oder Linderung der Krankheit. Aufwendungen hierfür werden wegen ihrer Nähe zu Erholungsreisen nur in Ausnahmefällen anerkennt. Für den Nachweis der Zwangsläufigkeit wird hier verlangt, dass die vor Reiseantritt ausgestellte amtsärztliche Bescheinigung den aus medizinischen Gründen gebotenen Kurort ausdrücklich nennt. Anerkannt wurden die Aufwendungen für Klimakuren insbesondere bei schweren Erkrankungen der Luftwege, bei Neurodermitis sowie Schuppenflechte.

Vorsorgekuren

Aufwendungen hierfür sind, soweit sie der allgemeinen Gesundheitsvorsorge dienen, nicht abziehbar. Soweit die Aufwendungen nachweislich der Abwendung einer konkreten Gefahr dienen, sollen sie abziehbar sein. Die weitere Entwicklung der Rechtsprechung bleibt abzuwarten. 12

Nachkuren

Aufwendungen hierfür sollen im Allgemeinen nicht als außergewöhnliche Belastung abziehbar sein, selbst wenn die Nachkur amtsärztlich verordnet ist. Eine Ausnahme könnte für die Aufwendungen einer unter ständiger ärztlicher Aufsicht in einer besonderen Reha-Klinik im Anschluss an einen Krankenhausaufenthalt durchgeführte Anschlussheilbehandlung gelten.

Abziehbare Kurkosten

Abziehbar sind die durch das Heilverfahren selbst veranlassten Aufwendungen, das heißt die Kosten für Arzt, Kurmittel, Kurtaxe. Sie sind – ebenso wie zwangsläufige Krankheitskosten allgemein – auch dann berücksichtigungsfähig, wenn die Kurkosten im Übrigen nicht als außergewöhnliche Belastung anerkannt werden. Darüber hinaus sind abziehbar die Kosten der Unterbringung und Verpflegung. Anders als bei einem Krankenhausaufenthalt ist eine Haushaltsersparnis in Höhe von einem Fünftel der Aufwendungen abzuziehen.

Bei den Fahrtkosten werden normalerweise die Kosten der öffentlichen Verkehrsmittel angesetzt. Höhere Kosten des eigenen Pkw werden anerkannt, wenn dem Steuerpflichtigen wegen seiner Krankheit, insbesondere wegen schwerer Geh- und Stehbehinderung oder aus sonstigen Gründen die Benutzung öffentlicher Verkehrsmittel nicht zugemutet werden kann. Erleidet ein Rentner oder Pensionär auf dem Weg von der ärztlich verordneten Kur nach Hause einen Autounfall, kann er die dadurch veranlassten Aufwendungen nicht als außergewöhnliche Belastung geltend machen, wenn er die Fahrt auch mit öffentlichen Verkehrsmitteln hätte durchführen können.

Kosten für eine Begleitperson sind abziehbar, wenn die krankheits- oder altersbedingte Notwendigkeit der Begleitung durch ein vor Antritt der Reise eingeholtes amtsärztliches Gutachten oder eine andere diesem gleichzustellende Bescheinigung nachgewiesen wird. Nur bei offensichtlicher Notwendigkeit einer Begleitperson ist das Attest verzichtbar. Unterscheidet sich die Reise mit einem schwerbehinderten Kind – abgesehen von den besonderen behinderungsbedingten Erschwernissen – nicht von einem üblichen Familien-/Erholungsurlaub, sind die auf die Begleitperson entfallenden Reisekosten keine außergewöhnliche Belastung.

Bei einer Kur im Ausland können in der Regel die Kosten nur in der Höhe abgezogen werden, wie sie bei einer entsprechenden Kur im Inland entstanden wären. Ausnahme: Sie weisen nach, dass die Kur aus medizinischen Gründen gerade an dem betreffenden Ort im Ausland erforderlich war. Aufwendungen für Besuchsfahrten zu einem Angehörigen, der eine Kur durchführt, sind abziehbar, wenn Besuche aus medizinischen Gründen erforderlich sind, etwa bei einem Kind oder bei einem psychisch erkrankten Angehörigen.

Prozesskosten

Die Kosten für einen Prozess zur Feststellung der Schwerbehinderteneigenschaft können außergewöhnliche Belastungen sein und als solche anerkannt werden.

Psychoanalyse/Psychotherapie

Aufwendungen für Psychoanalyse, Psychotherapie, Selbsterfahrungsgruppen sind abziehbar, wenn die Teilnahme hieran ärztlich verordnet ist. Entsprechendes gilt für den Besuch der Gruppe „Anonyme Alkoholiker".

Urlaubsbegleitung

Behinderte Menschen, bei denen die Notwendigkeit einer ständigen Begleitung nachgewiesen ist, können Mehraufwendungen auf einer Urlaubsreise für die Kosten der Fahrt, Verpflegung und Unterbringung der Begleitperson bis zu 767 Euro neben dem Behindertenpauschbetrag geltend machen.

Vom Einkommen zum zu versteuernden Einkommen

13

13

Freibeträge für Kinder

Das zu versteuernde Einkommen erhält man, indem die Freibeträge für Kinder sowie der Härteausgleich vom Einkommen abgezogen werden.

Bei der Veranlagung zur Einkommensteuer wird für jedes zu berücksichtigende Kind des Steuerpflichtigen ein Freibetrag von 2.304 Euro (2015: 2.256 Euro) für das sächliche Existenzminimum des Kindes (Kinderfreibetrag) sowie ein Freibetrag von 1.320 Euro für den Betreuungs- und Erziehungs- oder Ausbildungsbedarf des Kindes vom Einkommen abgezogen. Bei zusammen veranlagten Ehegatten verdoppeln sich die Beträge, wenn das Kind zu beiden Ehegatten in einem Kindschaftsverhältnis steht.

Die Beträge stehen Ihnen auch dann zu, wenn der andere Elternteil verstorben ist, Sie das Kind adoptiert haben oder das Kind zu Ihnen in einem Pflegschaftsverhältnis steht.

Zu berücksichtigende Kinder sind leibliche Kinder, Pflegekinder und in den Haushalt aufgenommene Stief- und Enkelkinder. Sie werden ab dem Kalendermonat berücksichtigt, in dem sie geboren sind. Ab Vollendung des 18. Lebensjahres endet grundsätzlich die Berücksichtigung. Für jeden Monat, in welchem die Voraussetzungen nicht erfüllt sind, werden die Freibeträge um 1/12 gekürzt.

Kinder, die das 18. Lebensjahr vollendet haben, werden berücksichtigt, wenn sie entweder

1. das 21. Lebensjahr noch nicht vollendet haben, nicht in einem Beschäftigungsverhältnis stehen und bei der Bundesagentur für Arbeit als arbeitsuchend gemeldet sind oder
2. das 25. Lebensjahr noch nicht vollendet haben und
   - für einen Beruf ausgebildet werden oder
   - sich in einer Übergangszeit von höchstens vier Monaten
     - zwischen zwei Ausbildungsabschnitten oder
     - zur Ableistung eines freiwilligen Dienstes befinden oder

- zwischen einem Ausbildungsabschnitt und einer befreienden Tätigkeit als Entwicklungshelfer oder
- als Dienstleistender im Ausland befinden

- eine Berufsausbildung mangels Ausbildungsplatz nicht beginnen oder fortsetzen können oder
- einen Freiwilligendienst leisten

3. wegen körperlicher, geistiger oder seelischer Behinderung außerstande sind, sich selbst zu unterhalten und die Behinderung vor dem 25. Lebensjahr eingetreten ist.

Wichtig: War es bis einschließlich 2011 so, dass die Begünstigungen für Kinder (Kinderfreibetrag oder Kindergeld) nur gewährt wurden, wenn das Kind selbst bestimmte Einkommensgrenzen nicht überschreitet, so ist diese Beschränkung ab 2012 komplett weggefallen.

Zu beachten ist jedoch, dass ein Kind nach Abschluss einer erstmaligen Berufsausbildung oder eines Erststudiums nur berücksichtigt werden kann, wenn es keiner Erwerbstätigkeit nachgeht. Dabei ist eine Erwerbstätigkeit bis zu 20 Stunden wöchentlich, ein Ausbildungsdienstverhältnis oder aber ein geringfügiges Beschäftigungsverhältnis unschädlich.

Die Freibeträge für Kinder kommen nur dann zum Zug, wenn die daraus resultierende Steuerentlastung höher ist als das erhaltene Kindergeld. Somit haben sie für die Bemessung der Einkommensteuer nur noch eine untergeordnete Bedeutung.

Wichtig sind die Freibeträge für Kinder jedoch bei der Berechnung von Kirchensteuer und Solidaritätszuschlag, da sie hier die Bemessungsgrundlage mindern und somit zu einer niedrigeren Steuerlast führen.

Wichtiges Urteil des BFH!

Der BFH hat entschieden, dass ein Zeitsoldat, der für eine spätere Verwendung als Mannschaftsdienstgrad ausgebildet wird, sich in einer Berufsausbildung befindet. Im entschiedenen Fall wurde der Sohn der Klägerin im Dienstgrad Schütze mit einer Verpflichtungsdauer von vier Jahren eingestellt, um als Kraftfahrer ausgebildet und später eingesetzt zu werden. Der BFH entschied, dass es sich hierbei um eine Berufsausbildung handelt, so dass er weiter als Kind im Sinne des Einkommensteuergesetzes anzuerkennen sei. Begründet wird diese Rechtsauffassung damit, dass ein Zeitsoldat sich dann in Berufsausbildung befindet, wenn er nicht lediglich im Mannschaftsdienstgrad Dienst leistet, sondern tatsächlich eine Ausbildung erhält.

Im entschiedenen Fall hatte dies zum Teil noch keine Auswirkung, weil die seinerzeitig geltenden Einkommensgrenzen überschritten wurden. Da diese, wie oben beschrieben, jedoch seit 2012 weggefallen sind, hat das zitierte Urteil weitreichende Konsequenzen. Denn nun dürfte den Eltern jedes Zeitsoldaten unter den oben genannten Bedingungen (Alter etc.) bis zum Abschluss der Erstausbildung oder eines Erststudiums weiter Kindergeld zustehen, wenn eine Ausbildung tatsächlich stattfindet. Schwierig wird es in der Praxis zu bestimmen sein, wann bei einem Soldaten eine Erstausbildung abgeschlossen ist. Darüber hinaus bleibt abzuwarten, wie der Gesetzgeber auf dieses Urteil reagiert, um die hier gezogenen Schlussfolgerungen nicht eintreten zu lassen.

Härteausgleich

Beziehen Sie neben Einkünften aus nichtselbstständiger Arbeit (Arbeitslohn, Versorgungsbezüge) weitere Einkünfte, beispielsweise aus einer gewerblichen Tätigkeit, von denen kein Lohnsteuerabzug vorgenommen wurde, so werden diese besteuert, wenn sie 410 Euro im Kalenderjahr übersteigen.

Wird dieser Betrag überschritten, mindert sich der Betrag von 410 Euro um den Betrag, um den er überschritten wird. Somit sind die genannten Einkünfte dann voll steuerpflichtig, wenn sie mehr als 820 Euro betragen.

Beispiel:

Aus einer Vermittlung haben Sie eine Provision i. H. v. 700 EUR erhalten. Der Betrag überschreitet die 410 EUR um 290 EUR. Der Freibetrag vermindert sich folglich um 290 EUR auf 120 EUR. Von der Provision i. H. v. 700 EUR sind nur 580 EUR zu versteuern.

Steuerermäßigungen

Steuerermäßigung heißt, dass bestimmte Beträge unmittelbar von der Steuerschuld abgezogen werden und diese somit direkt mindern. Werbungskosten, Sonderausgaben und außergewöhnliche Belastungen mindern dagegen lediglich das zu versteuernde Einkommen.

Wichtig: Die jeweiligen Abzugsbeträge gelten pro Haushalt. Leben also zwei alleinstehende Personen in einem Haushalt zusammen, kommt der Abzugsbetrag nur einmal zum Zug.

Die Ermäßigungen lassen sich in drei Gruppen einteilen:

Geringfügiges Beschäftigungsverhältnis	**Sozialversicherungspflichtiges Beschäftigungsverhältnis mit haushaltsnahen Tätigkeiten** (Arbeitnehmer)	**Handwerkerleistungen**
Minijob (Arbeitslohn bis 450 EUR im Monat) haushaltsnahe Tätigkeiten im Haushalt des Steuerpflichtigen **(Teilnahme am sog. Haushaltsscheckverfahren)**	+ **haushaltsnahe Dienstleistungen** (Beschäftigter ist kein Arbeitnehmer) + **Pflege- und Betreuungsleistungen einschließlich Heim- und Pflegeunterbringung** (soweit mit Haushaltshilfe vergleichbar)	für Renovierungs-, Erhaltungs- und Modernisierungsmaßnahmen sowie Erweiterungen (z. B. Anbau, Dachgeschoss Ausbau, Bau einer Garage) in Zusammenhang mit einem bestehenden Haushalt
§ 35a Abs. 1 EStG	§ 35a Abs. 2 EStG	§ 35a Abs. 3 EStG
Steuerermäßigung **20 %** der Aufwendungen, **maximal 510 EUR**	Steuerermäßigung **20 %** der Aufwendungen (nur Arbeitslohn, keine Materialkosten), **maximal 4.000 EUR**	Steuerermäßigung **20 %** der Aufwendungen (nur Arbeitslohn, keine Materialkosten), **maximal 1.200 EUR**

Sämtliche Höchstbeträge **können nebeneinander** in Anspruch genommen werden!

Haushaltsnahe Beschäftigungen

Falls Sie Aufwendungen für eine Haushaltshilfe haben, kann dies unmittelbare Auswirkungen auf die Steuerschuld haben. Unter die Aufwendungen fallen beispielsweise solche für die Zubereitung von Mahlzeiten, die Reinigung der Wohnung, die Gartenpflege oder die Betreuung von alten Personen. Die Steuerschuld vermindert sich in diesen Fällen um

- 20 Prozent der Aufwendungen, höchstens 510 Euro, wenn es sich für die Haushaltshilfe um eine geringfügige Beschäftigung handelt und Sie am sogenannten „Haushaltsscheckverfahren" teilnehmen.
- 20 Prozent, höchstens 4.000 Euro, wenn für die Haushaltshilfe Regelbeiträge zur gesetzlichen Sozialversicherung gezahlt werden und es sich nicht um eine geringfügige Beschäftigung handelt oder es sich um sonstige Dienstleistungen – auf Rechnung – handelt, die keine Handwerkerleistungen sind.

Die Steuerermäßigung kann auch in Anspruch genommen werden für die Inanspruchnahme von Pflege- und Betreuungsleistungen sowie für Aufwendungen, die wegen der Unterbringung in einem Heim oder zur dauernden Pflege entstehen, soweit darin Kosten für Dienstleistungen enthalten sind, die mit denen einer Hilfe im Haushalt vergleichbar sind. Hierzu ist es erforderlich, dass eine entsprechende Bescheinigung des Heimes vorgelegt wird, aus der hervorgeht, welche Dienstleistungen wann und von wem erbracht wurden, welcher Betrag hierfür gezahlt wurde und wer der Empfänger der Gegenleistung ist. Eine Schätzung des prozentualen Anteils am Gesamtaufwand ist dabei ausreichend.

Sofern Sie einer Wohnungseigentümergemeinschaft angehören und diese ein Beschäftigungsverhältnis, z. B. zur Reinigung der Gemeinschaftsräume, eingegangen ist, kann die Steuervergünstigung durch Vorlage der Nebenkostenabrechnung geltend gemacht werden. Hierbei ist es wichtig, dass die Aufwendungen separat ausgewiesen und dem jeweiligen Wohnungseigentümer entsprechend seiner Beteiligungsquote zugewiesen werden.

Haushaltsnahe Dienstleistungen

Haushaltsnahe Dienstleistungen, für die eine Steuerermäßigung von 20 Prozent bis maximal 4.000 Euro in Anspruch genommen werden kann, liegen vor, wenn diese von entsprechenden Dienstleistungsunternehmen erbracht werden und Sie hierüber eine Rechnung erhalten. Inhaltlich unterscheiden sich die haushaltsnahen Dienstleistungen nicht von denjenigen, welche im Rahmen eines haushaltsnahen Beschäftigungsverhältnisses erbracht werden können. 13

Voraussetzung für die Inanspruchnahme der Steuerermäßigung ist, dass Sie eine ordnungsgemäße Rechnung haben und die Zahlung auf das Konto des Leistungserbringers durch Kontoauszug nachweisen. Barzahlungen werden folglich nicht anerkannt.

Sofern Sie einer Wohnungseigentümergemeinschaft angehören und diese haushaltsnahe Dienstleistungen beauftragt, kann die Steuervergünstigung durch Vorlage der Nebenkostenabrechnung geltend gemacht werden. Hierbei ist es wichtig, dass die Aufwendungen separat ausgewiesen und dem jeweiligen Wohnungseigentümer entsprechend seiner Beteiligungsquote zugewiesen werden.

Praxis-Tipp:
Sollten die Umzugskosten aufgrund mangelnder beruflicher Veranlassung nicht als Werbungskosten abzugsfähig sein, so kommt nach einer Verfügung der OFD Koblenz ein Ansatz bei den begünstigten haushaltsnahen Dienstleistungen infrage, wenn der Umzug durch einen Spediteur durchgeführt wurde.

Ähnlich zum Beispiel den Kosten für Malerarbeiten in der selbst genutzten Wohnung werden vom Finanzamt bis zu 3.000 Euro im Jahr für Umzugskosten anerkannt. Hiervon werden 20 Prozent, zusammen mit den anderen Abzugsbeträgen bis zu maximal 4.000 Euro, von der Einkommensteuerschuld abgezogen. Berücksichtigungsfähig sind allerdings nur die reinen Arbeitskosten. Außerdem ist ein Nachweis der Aufwendungen durch Rechnung des Speditionsunternehmens und Nachweis der Zahlung auf ein Konto des Spediteurs durch Bankbeleg erforderlich. Die Rechnung darf also nicht bar beglichen werden.

13

Handwerkerleistungen

Sofern Sie Handwerkerleistungen für Renovierungs-, Erhaltungs- und Modernisierungsmaßnahmen in Anspruch nehmen, mindert sich die Einkommensteuer um 20 Prozent der Aufwendungen, maximal um einen Betrag von 1.200 Euro. Angesetzt werden können allerdings nur die reinen Lohnkosten. Materialaufwendungen sind nicht begünstigt.

Auch hier ist Voraussetzung, dass Sie eine Rechnung haben, die den Lohnkostenanteil separat ausweist, und dass Sie die Zahlung auf das Konto des Leistungserbringers durch Kontoauszug nachweisen.

Sofern Sie einer Wohnungseigentümergemeinschaft angehören und die Handwerkerleistungen durch den Hausverwalter abgewickelt werden, reicht als Nachweis die Jahresabrechnung aus. Hierbei ist es wichtig, dass die Lohnanteile für die Handwerkerleistungen separat ausgewiesen und dem jeweiligen Wohnungseigentümer entsprechend der Beteiligungsquote zugewiesen werden.

Praxis-Tipp:

Welche Dienstleistungen im Einzelnen steuerlich geltend gemacht werden können, führt das BMF-Schreiben vom 10.01.2014 detailliert auf. Sie finden es unter www.bundesfinanzministerium.de.

Dabei ist zu beachten, dass haushaltsnahe Dienstleistungen, die nicht nur auf Ihrem Grundstück erbracht werden (z. B. Straßenreinigung durch einen Hausmeisterservice), entgegen dem BMF-Schreiben zu berücksichtigen sind (BFH, Urteil vom 20.03.2014, Az. VI R 56/12).

Tipps und Informationen

Tipps und Informationen

Nachfolgend finden Sie noch einige Tipps und Informationen, die für die steuerliche Gestaltung wichtig sind.

Steuerklassenwahl

14 Die Steuerklassen bestimmen, welche persönlichen Verhältnisse und, damit zusammenhängend, welche Freibeträge bei der Berechnung der Lohnsteuer zu berücksichtigen sind. Des Weiteren bestimmt die Steuerklasse, ob die Grundtabelle oder aber die Splittingtabelle Anwendung findet.

Insgesamt gibt es sechs Steuerklassen, wobei den einzelnen Klassen folgende Arbeitnehmer zugeordnet werden:

Steuerklasse I: Gilt für alle alleinstehenden Arbeitnehmer (ledig, dauernd getrennt lebend, geschieden, verwitwet).

Steuerklasse II: Gilt für alle alleinstehenden Arbeitnehmer, bei denen mindestens ein Kind zum Haushalt gehört, für das Anspruch auf Kindergeld oder Kinderfreibetrag besteht. Wichtig ist, dass die Steuerklasse II nur den „echten Alleinerziehenden" zugute kommt.

Steuerklasse III: Gilt im Wesentlichen für zusammen veranlagte Ehegatten, wenn der andere Ehegatte entweder keinen Arbeitslohn bezieht oder aber nach Steuerklasse V besteuert wird. Die Kombination III/V ist eine von zwei möglichen Kombinationen bei zusammen veranlagten Ehegatten und wird nur auf Antrag eingetragen.

Steuerklasse IV: Gilt grundsätzlich, wenn beide nicht dauernd getrennt lebenden Ehegatten Arbeitslohn beziehen. Nur auf Antrag ist ein Wechsel in die Kombination III/V möglich. Bei der Steuerklasse IV werden beide Ehegatten wie alleinstehend behandelt. Darüber hinaus ist bei der Steuerklassenkombination IV/IV das sogenannte Faktorverfahren möglich.

Steuerklasse V: Gilt immer dann, wenn sich einer der Ehegatten auf Antrag in Steuerklasse III befindet.

Steuerklasse VI: Gilt, wenn Sie neben der ersten Tätigkeit eine oder mehrere weitere Tätigkeiten ausüben und dort mehr als 450 Euro verdienen.

Aus dieser Übersicht ist erkennbar, dass nur zusammen veranlagten Ehegatten die Wahlfreiheit offen steht, zwischen verschiedenen Steuerklassenkombinationen, nämlich IV/IV oder III/V, zu entscheiden. Als Faustregel gilt, dass die Kombination III/V günstiger ist, wenn die Besoldungsbezüge des höher verdienenden Ehegatten 60 Prozent oder mehr zum Gesamtbruttoarbeitslohn beitragen. In diesem Fall ist der Ehegatte mit dem höheren Arbeitseinkommen in Steuerklasse III, der mit dem niedrigeren in Steuerklasse V einzureihen.

Praxis-Tipp:

Die Wahl der Steuerklasse hat keine Konsequenzen auf die Gesamtsteuerbelastung. Durch geschickte Wahl der Steuerklassenkombination ist lediglich zu erreichen, dass das monatliche Nettogehalt höher ausfällt. Im Rahmen der Einkommensteuerveranlagung werden etwaige Unterschiede wieder ausgeglichen. Wer also im Laufe eines Jahres eine für ihn ungünstige Kombination gewählt hat, erhält zu viel bezahlte Steuern am Jahresende zurück.

Beachten Sie außerdem, dass die Steuerklassenwahl nicht nur unter steuerlichen Gesichtspunkten zu treffen ist. Ehegatten sollten daran denken, dass Lohnersatzleistungen, wie Arbeitslosengeld, Arbeitslosengeld II, Unterhaltsgeld, Krankengeld, Versorgungskrankengeld, Verletztengeld, Übergangsgeld und Mutterschaftsgeld, von dem zuletzt bezogenen Nettoarbeitslohn abhängen können. Für Arbeitnehmer in der Steuerklasse V sind diese Lohnersatzleistungen daher geringer als bei gleich hohem Bruttoarbeitslohn, für den die Lohnsteuer nach den Steuerklassen III oder IV einzubehalten ist.

Lohnsteuerabzug/ELStAM

Die Lohnsteuerkarte war die Grundlage für den Lohnsteuerabzug. Alle Merkmale, wie Steuerklasse, Religionszugehörigkeit, Kinder, Steuerermäßigung etc., waren auf ihr vermerkt und dienten der Berechnung des monatlichen Lohnsteuerabzuges. Letztmalig wurde die Lohnsteuerkarte von der örtlichen Gemeinde- oder Stadtverwaltung für 2010 ausgestellt. Seit 2011 galt diese Lohn-
14 steuerkarte weiter. Falls keine Lohnsteuerkarte vorhanden ist, stellt das Finanzamt eine sogenannte Ersatzbescheinigung über die Lohnsteuerabzugsmerkmale aus.

Die Karte oder die vom Finanzamt ausgestellte Bescheinigung musste an den Arbeitgeber oder die Besoldungsstelle weitergeleitet werden. Seit 2010 erhalten Sie die Lohnsteuerkarte bzw. ab 2011 die Ersatzbescheinigung nicht mehr zurück. Vielmehr wird Ihnen ein DIN-A4-Ausdruck als Steuerbescheinigung übersandt. Darin sind alle relevanten Daten enthalten. Da die Abrechnungsstelle diese Daten dem Finanzamt bereits elektronisch übermittelt hat, müssen Sie diese zwar nach wie vor in die Anlage N eintragen. Allerdings braucht der Datenausdruck nicht mehr eingereicht zu werden.

Die Lohnsteuerkarte bzw. Ersatzbescheinigung wurde zum 01.01.2013 durch die sogenannten ElektronischenLohnSteuer-AbzugsMerkmale (ELStAM) ersetzt. Steuerlich relevante Ereignisse (z. B. Eheschließung, Geburt eines Kindes, Kirchenein-/-austritt) werden künftig, nach Eintragung im Melderegister, automatisch berücksichtigt.

Sie haben die Möglichkeit, die für Sie hinterlegten Daten im Elster-Online-Portal (www.elster.de) jederzeit zu kontrollieren. Hierfür ist lediglich eine Registrierung mit der persönlichen Steueridentifikationsnummer notwendig (bei Ehegatten ist eine Registrierung für jeden Partner nötig).

Im Jahr 2013 benötigte der Arbeitgeber noch die Lohnsteuerkarte 2010 oder die entsprechende Ersatzbescheinigung. Seit 2014 benötigt der Arbeitgeber nur noch die Steueridentifikationsnummer des Arbeitnehmers, sein Geburtsdatum und die Angabe, ob es sich um ein Haupt- oder Nebenarbeitsverhältnis handelt.

Haben sich im Laufe eines Jahres die persönlichen Verhältnisse geändert, können Sie die Lohnsteuerabzugsmerkmale ändern lassen. Dies geschieht automatisch bei

- Geburt oder Adoption eines Kindes,
- Heirat,
- Wegfall der Religionszugehörigkeit bei Austritt aus der Kirche.

Verpflichtet zur Änderung sind Sie, wenn

- sich die Verhältnisse für die Eintragung der Steuerklasse und der Kinderfreibeträge vor Beginn eines Jahres ändern.
- Sie als Arbeitnehmer vor Beginn oder im Laufe eines Jahres beschränkt einkommensteuerpflichtig werden.

Sie sollten bei Änderungen immer im ElsterOnline-Portal kontrollieren, ob diese auch tatsächlich eingetragen wurden. Bei fehlerhaften Daten finden Sie die Änderungsanträge in diesem Portal (www.elster.de).

Lohnsteuerermäßigungsverfahren

Bestimmte Aufwendungen mit steuerlicher Wirkung, welche beim jeweiligen Steuerpflichtigen üblicherweise anfallen, können als Freibeträge bei den ELStAM hinterlegt werden. Damit fließt Ihnen monatlich ein höheres Nettoeinkommen zu. Für das laufende Kalenderjahr ist eine Änderung bis zum 30.11. möglich.

Eintragungsfähig sind:

- Werbungskosten, sofern sie den Pauschbetrag von 1.000 Euro übersteigen
- Sonderausgaben – ohne Vorsorgeaufwendungen –, sofern sie den Pauschbetrag von 36 Euro/72 Euro übersteigen
- um die zumutbare Belastung gekürzte außergewöhnliche Belastungen
- Pauschbeträge für Behinderte und Hinterbliebene
- Verluste aus Vermietung und Verpachtung
- Verlustvorträge

Das Gesetz unterscheidet zwischen Ermäßigungsgründen, die nur unter Beachtung einer betragsmäßigen Grenze eingetragen werden können, und solche, bei denen die Eintragung uneingeschränkt zulässig ist. Ein Antrag auf Änderung der ELStAM wegen erhöhter Werbungskosten, erhöhter Sonderausgaben oder außergewöhnlicher Belastungen ist zulässig, wenn die abziehbaren Beträge insgesamt eine Antragsgrenze von 600 Euro überschreiten. Die übrigen Ermäßigungsgründe (Pauschbetrag für Behinderte und Hinterbliebene, voraussichtliche Verluste aus anderen Einkunftsarten) bleiben hiervon unberührt. Die Änderung der Eintragungen nahmen bis 2010 die jeweiligen Gemeindebehörden vor, seit 2011 ist dafür das Finanzamt zuständig.

Bisher musste der Freibetrag jährlich neu beantragt werden. Seit dem 01.10.2015 kann der Freibetrag für einen Zeitraum von bis zu **zwei Kalenderjahren** beim Wohnsitzfinanzamt beantragt werden. Eingetragene Freibeträge gelten dann ab dem 01.01.2016 bis längstens 31.12.2017.

Vorauszahlungen

Die Einkommensteuer entsteht erst mit Ablauf eines Kalenderjahres, ihre endgültige Festsetzung erfolgt im Rahmen des Einkommensteuerbescheides. Erst danach wird sie fällig und muss gezahlt werden.

Um diese Zeit zu überbrücken, hat der Gesetzgeber ein Vorauszahlungsverfahren entwickelt. Während Arbeitnehmer auf die von ihnen bezogenen Lohneinkünfte durch Abzug der Lohnsteuer monatliche Vorauszahlungen leisten, ist dies bei allen anderen Einkünften nicht der Fall.

Beispiel:

Herr Eil betreibt nebenberuflich einen Reparaturservice für Modellautos. Aus dieser Nebentätigkeit erzielt er einen jährlichen Gewinn von ca. 8.000 EUR (Einkünfte aus Gewerbebetrieb). Während für den bezogenen Bruttolohn monatlich Lohnsteuer einbehalten und an das Finanzamt abgeführt wird, ist dies bei den Einkünften aus Gewerbebetrieb nicht der Fall. Hier greift das Vorauszahlungsverfahren.

Vorauszahlungen werden durch einen eigenen Bescheid festgesetzt. Grundsätzlich sind sie zum 10.3., 10.6., 10.9. und 10.1. zu zahlen. Sie werden bei der Berechnung der Einkommensteuerschuld in gleicher Weise wie die bezahlte Lohnsteuer berücksichtigt. Zu viel bezahlte Steuer wird zurückerstattet. Waren die Vorauszahlungen insgesamt zu niedrig, so ist innerhalb von einem Monat seit Bekanntgabe des Steuerbescheides der Nachzahlungsbetrag zu leisten.

Praxis-Tipp:

Berechnet werden die Vorauszahlungen auf Basis der voraussichtlich zu erwartenden Jahressteuer. Grundlage ist die Einkommensteuerfestsetzung im Rahmen des letzten Einkommensteuerbescheides. Werden dem Finanzamt unterjährig Sachverhalte bekannt, wie beispielsweise die Anmeldung eines Gewerbes, wonach die Steuerschuld vermutlich höher als im vergangenen Jahr sein wird, werden die Vorauszahlungen entsprechend erhöht. Können Sie glaubhaft machen, dass die Steuerschuld, beispielsweise aufgrund niedrigerer Gewinne, geringer ausfallen wird, beantragen Sie am besten bei Ihrem Finanzamt die Herabsetzung der Vorauszahlungen.

Vorauszahlungen werden im Übrigen festgesetzt, wenn sie mindestens 400 Euro im Kalenderjahr und mindestens 100 Euro für einen Vorauszahlungspunkt betragen.

Heirat

Ob die Ehe als steuerliches Gestaltungsinstrument taugt, sei dahingestellt. Tatsache ist jedoch, dass mit der Eheschließung steuerliche Folgen verbunden sind.

Die bedeutsamste Konsequenz besteht darin, dass sich Ehegatten zusammen veranlagen lassen und vom Splittingverfahren profitieren können. Denn in vielen Fällen ist dies günstig und führt insgesamt zu einer niedrigeren Steuerbelastung. Da das Splittingverfahren für ein ganzes Jahr gilt, ist der Dezember trotz der widrigen klimatischen Bedingungen ein beliebter Heiratsmonat – zumindest, was die standesamtliche Trauung betrifft.

Für das Jahr der Eheschließung können Ehegatten auch die sogenannte besondere Veranlagung wählen. Die Besteuerung wird dann so durchgeführt, als ob sie nicht verheiratet wären. Diese Veranlagungsform ist nur noch sinnvoll, wenn eine verwitwete Person im Jahr nach dem Tod des Ehegatten wieder heiratet. In diesem Fall kann die Witwe/der Witwer für sich allein noch den Splittingtarif geltend machen (sogenanntes Witwenprivileg).

Neben Zusammenveranlagung und besonderer Veranlagung im Jahr der Eheschließung können Ehegatten, die nicht dauernd getrennt leben, die getrennte Veranlagung wählen, was in manchen Fällen sinnvoll sein kann.

Die getrennte Veranlagung kann Vorteile bringen, wenn

- einer der Ehegatten zwar steuerfreie, aber dem Progressionsvorbehalt unterliegende Einkünfte bezieht (z. B. Arbeitslosengeld, ausländische Einkünfte) und der andere Ehegatte steuerpflichtige Einkünfte hat.
- einer der Ehegatten tarifbegünstigte Einkünfte erzielt (z. B. Betriebsaufgabegewinne).
- ein Ehegatte Verluste erzielt und der andere nicht zu hohe eigene Einkünfte hat.
- beide Ehegatten Nebeneinkünfte bis jeweils 410 Euro beziehen, die in der Summe 410 Euro übersteigen.
- bei den Vorsorgeaufwendungen der Vorwegabzug des einen Ehegatten durch die Lohneinkünfte des anderen Ehegatten gekürzt wird.

Ob eine getrennte Veranlagung tatsächlich günstiger als die Zusammenveranlagung ist, kann nur durch eine Vergleichsberechnung der Veranlagungsformen ermittelt werden. Ohne Zuhilfenahme von EDV ist dies nur sehr schwer möglich. Hier hilft im Zweifel ein Steuerberater weiter.

Steuerfreie Einnahmen und Progressionsvorbehalt

Im Einkommensteuergesetz sind zahlreiche Einnahmen normiert, welche Ihnen steuerfrei zufließen können. Von diesen steuerfreien Einnahmen wiederum unterliegen einige dem sogenannten „Progressionsvorbehalt“.

Progressionsvorbehalt bedeutet, dass diese Einnahmen selbst nicht besteuert, aber zur Berechnung des Steuersatzes herangezogen werden.

Beispiel:

Ein verheirateter Arbeitnehmer hat ein zu versteuerndes Einkommen von 24.000 EUR. Seine Ehefrau hat im gesamten Jahr Arbeitslosengeld i. H. v. 8.000 EUR bezogen. Ohne das Arbeitslosengeld der Ehefrau beträgt die festzusetzende Einkommensteuer 2016 1.410 EUR.

Da das Arbeitslosengeld dem Progressionsvorbehalt unterliegt, ist wie folgt zu verfahren: In einem ersten Schritt wird das Arbeitslosengeld unter Abzug des Werbungskostenpauschbetrags i. H. v. 1.000 EUR dem zu versteuernden Einkommen zugeschlagen. Der zweite Schritt besteht darin, festzustellen, wie hoch der durchschnittliche Steuersatz unter Berücksichtigung dieses höheren Einkommens wäre. Dieser Steuersatz wird nun auf das zu versteuernde Einkommen von 24.000 EUR angewandt. Die tatsächliche festzusetzende Einkommensteuer beträgt somit 2.375 EUR und ist damit deutlich höher als ohne Progressionsvorbehalt.

Dem Progressionsvorbehalt unterliegen beispielsweise Arbeitslosengeld, Teilarbeitslosengeld, Zuschüsse zum Arbeitsentgelt, Kurzarbeitergeld, Winterausfallgeld, Insolvenzgeld, Übergangsgeld, Altersübergangsgeld, Krankengeld, Mutterschaftsgeld, Elterngeld und Verletztengeld.

Grundsätzlich steuerfrei und auch nicht dem Progressionsvorbehalt unterliegend sind die Erstattung von Reisekosten, Umzugskosten und Trennungsgelder. Die als Reisekostenvergütungen gezahlten Vergütungen für Verpflegungsmehraufwendungen sind nur insoweit steuerfrei, als sie die Pauschbeträge nicht übersteigen. Für das Trennungsgeld gilt, dass dieses nach Ablauf von drei Monaten steuerpflichtig wird.

Erziehungsrente

Auch Geschiedene können eine Rente erhalten, wenn sie ein Kind erziehen und ihr geschiedener Ehepartner stirbt. Diese Rente dient somit als Unterhaltsersatz und erlaubt es, sich verstärkt um die Erziehung der Kinder zu kümmern.

Diese Rente ist genau wie die Regelaltersrente mit dem Besteuerungsanteil bei Rentenbeginn (2016 beträgt dieser 68 Prozent, siehe Tabelle S. 59 zu besteuern. Dies hat der BFH mit Urteil vom 19.08.2013 (Az. X R 35/11) entschieden.

Antrag auf Änderung, Einspruch und Klage

Beim Erlass von Steuerbescheiden kommt es schon mal vor, dass der Finanzbeamte einen Fehler macht, z. B. beim Übertragen der Daten aus dem Formular in den Computer. In einem solchen Fall ist es das Einfachste, sofort nach Erhalt den zuständigen Sachbearbeiter anzurufen und die Angelegenheit unbürokratisch zu regeln. In den meisten dieser Fälle wird ein neuer Bescheid erlassen, und die Sache ist erledigt. Im Zweifelsfall ist ein formloser schriftlicher Antrag auf schlichte Änderung des Bescheides zu stellen.

Wenn dies nicht weiterhilft und Sie einen Einkommensteuerbescheid für rechtswidrig halten, da einzelne Positionen nicht anerkannt wurden, so steht Ihnen als Rechtsmittel im außergerichtlichen Verfahren der Einspruch zur Verfügung. Zulässig ist der Einspruch allerdings nur, wenn Sie „beschwert" sind, also durch den Ihrer Auffassung nach fehlerhaften Bescheid einen Nachteil haben, d. h. wenn der erwartete Erstattungsbetrag niedriger ausfällt als bei Berücksichtigung der streitbehafteten Positionen.

Praxis-Tipp:

In der Beratungspraxis stellt man immer wieder fest, dass Personen Einsprüche wegen der Nichtberücksichtigung von verschiedenen Positionen einlegen, ohne die Rechtslage genau zu kennen. Dies ist im komplizierten deutschen Steuerrecht aber kein Wunder.

Prüfen Sie daher, ob ein Einspruch Aussicht auf Erfolg hat. Falls die Abweichung von der Erklärung auf dem Steuerbescheid nicht ausreichend erläutert ist, rufen Sie ruhig den Sachbearbeiter beim Finanzamt an und fragen Sie ihn, aus welchen Gründen er den einen oder anderen Ansatz verweigert.

Den Einspruch richten Sie unter Angabe der Steuernummer und des angefochtenen Bescheides an das zuständige Finanzamt. Im Rahmen des Einspruchs haben Sie die Möglichkeit, die Aussetzung der Vollziehung zu beantragen. Folgt das Finanzamt diesem Antrag, so wird die Veranlagung zunächst so durchgeführt, wie Sie es beantragt haben. Das Finanzamt hat dem Antrag zu folgen, wenn ernsthafte Zweifel an der Rechtmäßigkeit des Einkommensteuerbescheides bestehen. Das formlose Schreiben könnte wie folgt aussehen:

StNr.: 999/234/4711/1

Peter und Petra Peters, Oberbach

Sehr geehrte Damen und Herren,

gegen den Einkommensteuerbescheid 2016 ... legen wir hiermit Einspruch ein. Gleichzeitig beantragen wir die Aussetzung der Vollziehung, da erhebliche Zweifel an der Rechtmäßigkeit des angefochtenen Verwaltungsaktes bestehen.

Begründung: Entgegen unserer Erklärung haben Sie die Kosten für die Anschaffung eines PC nicht anerkannt, da Sie die berufliche Nutzung nicht nachvollziehen können. Dieser Auffassung ist nicht zu folgen. In der Anlage übersenden wir eine Bescheinigung der Dienststelle, aus welcher eindeutig hervorgeht, in welchem Umfang und für welche Zwecke der PC beruflich genutzt wird. Wir beantragen daher die Änderung des angefochtenen Bescheides und verbleiben ...

Wichtig ist, dass Sie sowohl den Antrag auf schlichte Änderung als auch den Einspruch innerhalb der hierfür vorgesehenen Frist von einem Monat seit Bekanntgabe des Bescheides einlegen. Bekannt gegeben ist ein Verwaltungsakt bei Postzustellung drei

Tage nach der Aufgabe zur Post (Stempel). Fällt dieser Tag auf einen Sonn- oder Feiertag, so beginnt die Einspruchsfrist erst am darauf folgenden Werktag und endet vier Wochen später. Ist dieser Tag ebenfalls ein Sonn- oder Feiertag, endet die Frist ebenfalls am darauf folgenden Werktag.

Praxis-Tipp:

Falls Sie bei der Einkommensteuererklärung Angaben vergessen haben sollten, können Sie diese im Rahmen des Einspruchsverfahrens noch geltend machen. Bedenken Sie allerdings, dass auch Fehler des Finanzamtes zu Ihren Gunsten ebenfalls korrigiert werden können.

Sollte der Einspruch keinen Erfolg haben, bleibt als nächster Schritt nur noch die Klage vor dem Finanzgericht. Hier empfiehlt es sich jedoch, die professionelle Hilfe eines Steuerberaters einzuholen.

Was passiert, nachdem Sie den Einspruch beim Finanzamt eingereicht haben?

Nachdem Sie Ihren Einspruch beim Finanzamt eingereicht haben, wird Ihr Einspruch entweder durch den Finanzbeamten, welcher Ihren Steuerbescheid erlassen hat, oder durch die Rechtsbehelfsstelle bearbeitet. Hat das Finanzamt nach sechs Monaten noch nicht über Ihren Einspruch entschieden, können Sie beim Finanzgericht Untätigkeitsklage erheben (§ 46 FGO). Durch Ihren Einspruch ist der gesamte Steuerbescheid wieder offen; insofern kann das Finanzamt alle Punkte Ihrer Steuererklärung nochmals prüfen. Das Finanzamt kann im Rahmen der Einspruchsprüfung zu folgenden Ergebnissen kommen:

- Das Finanzamt gibt Ihnen (teilweise) recht und erlässt einen neuen, korrigierten Steuerbescheid. Oder Sie erhalten einen neuen, teilweise korrigierten Steuerbescheid. Über die noch offenen Streitpunkte erhalten Sie dann zu einem späteren Zeitpunkt eine Entscheidung.
- Das Finanzamt teilt Ihre Meinung nicht und fordert Sie auf, Ihren Einspruch mangels Erfolgsaussicht schriftlich zurück-

zunehmen. Folgen Sie dieser Aufforderung, wird Ihr Steuerbescheid bestandskräftig. Andernfalls gibt es eine Einspruchsentscheidung.

- Das Finanzamt beendet das Einspruchsverfahren mit einer förmlichen Einspruchsentscheidung. Diese Einspruchsentscheidung enthält eine Rechtsbehelfsbelehrung. Sollte das Finanzamt im Rahmen der Einspruchsentscheidung nicht Ihrer Auffassung gefolgt sein, bleibt als nächster Schritt nur noch die Klage vor dem Finanzgericht. Hier empfiehlt es sich jedoch, professionelle Hilfe eines Steuerberaters einzuholen. Die Frist für eine Klage beim Finanzgericht beträgt einen Monat und beginnt mit der Bekanntgabe (Poststempel plus drei Tage) der Einspruchsentscheidung.
- Das Finanzamt teilt Ihnen mit, dass es den ursprünglichen Steuerbescheid zu Ihrem Nachteil ändern und eine höhere Steuer festsetzen will. Ursache dafür könnte sein, dass der Sachbearbeiter im ursprünglichen Steuerbescheid einen Fehler zu Ihren Ungunsten gefunden hat. Das Finanzamt muss jedoch auf die beabsichtigte „Verböserung" hinweisen und Ihnen eine angemessene Frist (regelmäßig einen Monat) einräumen, innerhalb der Sie sich hierzu äußern können. Wenn Sie nun Ihren Einspruch vor der Einspruchsentscheidung zurücknehmen, können Sie diese Verböserung vermeiden.

Steuerhinterziehung

Es gibt zahlreiche Bürger, die sich offensichtlich nicht im Klaren darüber sind, dass der Versuch, durch falsche Angaben Steuern zu sparen, kein Kavaliersdelikt, sondern Steuerhinterziehung mit den entsprechenden strafrechtlichen Konsequenzen sein kann. In vielen Fällen hat dies bereits zu einem bösen Erwachen geführt, da die Betroffenen sich der Tragweite ihrer Handlungen oft gar nicht bewusst waren.

Steuerhinterziehung begeht, wer

- den Finanzbehörden oder anderen Behörden über steuerlich erhebliche Tatsachen unrichtige oder unvollständige Angaben macht.

- die Finanzbehörden pflichtwidrig über steuerlich erhebliche Tatsachen in Unkenntnis lässt.
- pflichtwidrig die Verwendung von Steuerzeichen oder Steuerstemplern unterlässt.
- Steuern verkürzt oder für sich oder einen anderen nicht gerechtfertigte Steuervorteile erlangt.

Eine Steuerhinterziehung begeht demnach bereits derjenige, der falsche Angaben zu den Fahrten zwischen Wohnung und Arbeitsstätte macht oder aber falsche Belege einreicht und dadurch steuerliche Vorteile erlangt.

Das Steuerrecht ist das einzige Rechtsgebiet, wo es möglich ist, durch Selbstanzeige straffrei zu bleiben. Plagt Sie Ihr schlechtes Gewissen, sollten Sie sich vor Entdeckung der Tat durch das Finanzamt selbst anzeigen. In diesem Fall müssen zwar die hinterzogenen Steuern einschließlich Zinsen nachgezahlt werden, eine Strafe wird jedoch nicht verhängt.

Stichwortverzeichnis

15

Ihre Vorteile im Abonnement

Bereits jetzt die neue Ausgabe bestellen

- Sie zahlen kein Porto mehr.
- Sie erhalten die aktuelle Ausgabe automatisch.
- Sie sind stets über die gesetzlichen Neuerungen informiert.

www.WALHALLA.de
WALHALLA@WALHALLA.de

☐ **Ja**, ich bestelle

Steuerratgeber für Rentner und Ruhestandsbeamte

im Abonnement (jederzeit schriftlich kündbar)

Absender: ☐ privat ☐ dienstlich

Name, Vorname — Kundennummer

Institution

Straße

PLZ, Ort

Telefon * — E-Mail *

X Datum, Unterschrift — * freiwillige Angabe

Hinweis:
Die Preise verstehen sich inkl. der gesetzlichen Mehrwertsteuer. Bestellen Sie ohne Risiko, Sie haben 14 Tage Widerrufsrecht.
Unsere AGB finden Sie unter www.WALHALLA.de/agb
Ihre Adressdaten werden zur Auftragsbearbeitung elektronisch gespeichert und vertraulich behandelt.

☐ Ich bin damit einverstanden, dass die WALHALLA Verlagsgruppe (WALHALLA Fachverlag, Behördenverlag Jüngling-gbb und Deichmann+Fuchs Verlag GmbH & Co. KG) meine Kontaktdaten für Werbezwecke nutzt und mich (Gewünschtes bitte ankreuzen):
☐ per E-Mail und/oder ☐ per Post über deren Produkte, Angebote und Veranstaltungen informiert.
Diese Einwilligung kann ich jederzeit mit Wirkung für die Zukunft widerrufen, per E-Mail an Kundenservice@WALHALLA.de oder telefonisch bzw. schriftlich.

Datum, Unterschrift

WALHALLA

WALHALLA Fachverlag
Haus an der Eisernen Brücke
93042 Regensburg
Tel.: 0941 5684-0
Fax: 0941 5684-111